SCENE DO NOT CROSS
CRIME SCENE DO NOT
IME
DO NOT CRO
CRIME SCENE DO NOT CROSS

犯罪现场调查

CRIME SCENE INVESTIGATION

你不可不知的犯罪心理常识

许大鹏◎著

中国法制出版社
CHINA LEGAL PUBLISHING HOUSE

前言

从古至今，犯罪行为一直都是一个会严重危及社会安全与稳定的丑恶行为。为了彻底遏制犯罪行为，世界各国都在不懈努力。比如美国设立的联邦调查局就是专门用来对付犯罪行为的机构。

从20世纪开始，世界各国涌现出一批作案手段非常残忍的罪犯，因为这些罪犯在被警方逮捕之前会连续不断地犯下谋杀案，所以这些罪犯又被称为连环杀手。

这些连环杀手一般都是极度蔑视他人生命的人，他们在犯案的时候会用一些很残忍的手段来折磨受害人。可以说，这些连环杀手的心理异常程度都是非常高的，他们有的是心理变态者，有的是反社会人格障碍者，还有的是极度残忍、冷血的人。可以确定的是，这些人的心理和正常人完全不同，所以他们会做出一些正常人连想都想不到的残忍行为。也正是因为这个原因，连环杀手在刚开始疯狂作案的时候，警方都不能迅速将其逮捕。除非是杀手在连续作案时留下了一些重要线索或关键证物，警方才能迅速破案。只不过这种情况一般很少见，因为连环杀手的心思缜密程度是非常高的。

其实在侦办大多数凶杀案的时候，警方都有一套既定的办案程序。一旦凶杀案发生，警方会按照程序一步步搜集证据并找寻凶手。但是如果凶手是一名惯犯，他熟悉警方的办案流程，在作案后他将案发现场的证据清除干净，那警方就很难破案了。为了提高警方的破案效率，世界各国相继设立了研究罪犯行为和犯罪心理的机构，几乎在同一时间，犯罪心理学也应运而生。有了这门学科作为后盾，警方在面对一些古怪凶杀案和连环杀手的时候就能迅速找到关键线索，并最终将凶手逮捕归案。

这些精通罪犯心理的专家可以根据凶手留在案发现场的证据和作案特征判断出凶手的心理动向。在这些判断结果的帮助下，警方就能提前做好准备，甚至还可以事先设好圈套等着凶手自投罗网。除了研究凶手的心理动向，犯罪心理专家还会将凶手的作案动机及凶手走上犯罪道路的原因总结起来，并试着从中找到凶手作案前可能会出现的警示信号，提前预防一些不好的事情发生。

在本书中，笔者将给大家列举一些很有特性的凶杀案和连环杀人案。通过这些真实发生过的案件来分析凶手的内心世界。要知道，制造这些案件的凶手通常都是心理有问题的人，只不过他们的心理异常程度深浅不一，心理异常扭曲的方向也各不相同。但在犯罪心理专家眼里，这些凶手的行为都是可以被解释的，在分析这些凶手的作案心理时，也能得出一些结论，而这些结论也将揭示这些杀人凶手的丑恶本质和他们犯罪的根本原因。

目　录

第一章

恋童癖杀人魔

库特内县位于美国爱达荷州西北部，县内有一座名为爱德华的小镇。这座小镇依山傍水，风景十分秀美。小镇四面环山，镇内还有一个大湖。这个湖水质清澈，水产丰富，所以每年都有很多游客来到这里游泳、垂钓。虽然这座小镇的自然风光十分秀美，但因为地域的关系，这里的常住居民并不多。镇民们大都相互熟识，邻里之间的关系也很不错，因此小镇上很少发生刑事案件，安宁祥和是这里的主格调，但最近，这一切却出现了转变。

一日，库特内县警方接到了一个奇怪的报警电话，报警者名叫罗伯特·林斯沃斯，他是当地的常住居民。在报警电话中，罗伯特告诉警方，说他在经过邻居家的时候，看到邻居家的房门上有一片血迹。罗伯特不清楚邻居家里到底发生了什么事，所以他也不敢贸然进入房屋查看情况。但他又很担心邻居的安全，所以才拨通了报警电话。

接到报警后，库特内县警方立即调派巡警前往事发地点查看情况。在赶往事发地点的途中，警方已经调查得知该房屋挂在布伦达·格罗尼名下，她和她的男友马克·麦肯基及三个未成年孩子（13岁的斯莱德、9岁的狄伦及8岁的斯塔）一同生活。赶往事发地点的这名巡警和布伦达一家很熟，几乎每天他都要从这户人家门前路过。巡警以最快的速度赶到事发地点，当他接近房屋后，他立刻察觉到了异常。

这栋房屋内异常安静，这种安静往往意味着很不好的事情已经发生。在看到房门上暗红色的血迹后，巡警立刻掏出配枪，绕着房屋仔细检查。房屋的正门紧锁，门上和门前的地板上有一大片早已干涸的血迹，房屋四周的窗户完好，没有遭受暴力入侵的痕迹。等巡警绕到房屋后面的时候，他发现房屋的后门并没有关上。巡警注意到，后门外侧的门把手及把手周围也沾有血迹。透过这扇半开着的后门，巡警隐约能够看到屋内的情形。

此时此刻，巡警心中的不安情绪迅速升级，为了确保万无一失，巡警立即将事发地点的情况上报并请求支援。随后，警局再次派出一支分队赶来支援。等支援分队就位后，调查人员才小心翼翼地从后门进入事发房屋。刚绕过屋角，调查人员便看到一名男子脸朝下俯卧在地板上。只远远地看了一眼，调查人员就已经判定，这名俯卧在地的男子已经丧命，他的头部被打得血肉模糊，鲜血在地板上洇成一片。更诡异的是，这名男子的双手还交叉叠置在后腰部位，手腕交叠的地方还缠着胶带。

越过这具男性受害人的尸体，调查人员又看到了一名女性受害人，她的头就在男性受害人的左脚下方，尸体被弃置在通往下一个房间的门廊内，与前一具尸体成 90° 夹角。这名女性受害人以相同的姿势俯卧在地，她的头部也遭受了多次重击。女性受害人的尸体后面是另一名男性受害人的尸体。这具尸体的头颅紧挨着女性受害人的右脚，尸体放在第二个房间内，与女性受害人的尸体也成 90° 夹角，并与放置在第一个房间内的那具男性尸体隔墙平行。

在确定有人死亡之后，警方立即将案发房屋用黄色警示带围起来，并竭力保护案发现场。初步检查过案发现场后，调查人员判断出三名受害人的身份，他们分别是马克·麦肯基、布伦达·格罗尼和她的大儿子斯莱德·格罗尼。房屋内到处都是血迹，几乎每个房间、每一面墙壁上都有呈溅射状的血迹。这种独特的血迹形态一般只在极端血腥的暴力犯罪现场才会出现，而这也意味着受害人生前曾遭受非人的折磨。

调查人员仔细检查了案发房屋的每个房间，他们没有发现狄伦和斯塔的尸体。虽然狄伦和斯塔的房间内同样有很多血迹，并且这两个孩子的枕头上还有大片洇湿的血迹，但警方依旧不愿意相信这两名不满 10 岁的孩童已经惨遭毒手。警方希望这两个孩子能够躲过这次劫难，希望他们能躲过杀手逃出房屋，躲到房屋后方的树林中。

现在，警方除了要找到杀害三名受害人的真凶，还必须尽快找到狄伦和斯塔的行踪。警方立即抽调了一部分巡警展开搜查，但这次搜查行动并没有发现两名失踪孩童的行迹。天色渐渐暗了下来，警方依旧没有任何头绪，在这种情况下，警方决定向联邦调查局求助。联邦调查局获知了这起案子的情况后，立即调派犯罪心理专家唐纳德·罗宾逊协助警方进行侦破工作。

唐纳德介入调查后立即提出了一个可能：这两个失踪的孩子会不会和他们的亲生父亲待在一起？警方迅速与失踪孩子的亲生父亲斯蒂文·格罗尼取得联系，但斯蒂文在悲痛伤心的同时告诉警方，他也不知道这两个孩子的下落。警方只能转而询问其他与受害人有联系的亲友，希望能够从他们那里得到线索。尽管警方调查了所有可能的地方，但两个孩子依旧毫无音讯。现在警方有理由相信，这两个孩子可能遭到了绑架，或者已经惨遭毒手。

警方在第一时间发出公告，张贴寻人启事，发动群众寻找失踪的孩子。整个库特内县的居民们都自发走上街头，尽全力寻找这两个孩子，但这场规模浩大的搜救行动依然没有任何结果。与此同时，勘验人员正在紧锣密鼓地检验案发现场，他们需要从案发现场中找到能够帮助警方破案的线索及可以指控嫌犯的铁证。尽管案发现场内的情况异常血腥暴虐，但凶手十分小心地将关键线索抹除了。一直到犯罪现场勘验流程结束之后，警方也没有得到任何有帮助的线索。

在这种情况下，即便是侦办经验极其丰富的老警探和犯罪心理专家也丝毫没有办法。罪犯依旧在逃，失踪的孩子也没有找到，这种结果让当地居民十分惶恐，恐慌的情绪在小镇上蔓延开来，没有任何机构能够消除这种情绪，除非警方可以找到制造这一切的元凶。

事实上，在绝大多数命案中，凶手都有很大的可能会在案发现场留下关键证据。比如，凶手可能会在门窗或案发现场内的某件物品上留下指纹，也可能在案发现场留下带有血迹的鞋印、脚印或 DNA 证据。除此之外，大部分命案都会有目击者，他们也是协助警方破案的关键。但是在这起命案中，警方至今都没有得到任何线索，这也是案情没有进展的原因。

在毫无头绪的情况下，唐纳德建议从受害人本身开始调查。只是，这项调查工作比较费时间，而侦破凶案却必须越快越好。要知道，时间越长，凶手逃出法网的概率就越大。为了能够将凶手逮捕归案，警方抽调了大量警力着手这项调查工作，希望可以得到侦破凶杀案的线索。

警方经调查发现，布伦达和马克已经同居了近 7 年时间，据周围邻居和其他亲友的反馈来看，两个人相处融洽，虽然没有结婚，但他们很幸福。马克是一家工厂的制造工人，每天都需要去斯波克做工。和马克同居后，布伦达就辞去了工作，在家中担任全职太太。马克的性格很和善，他很喜欢家里的这三个孩子，虽然这些孩子并不是他亲生的，但他还是将三个孩子照顾得很好。

总体而言，像马克这样的家庭是不会招惹仇人的，更何况马克还是一个身体强壮的“硬汉”。但调查人员认为，案发现场的血腥情况意味着凶手和受害人之间一定存在着某种刻骨的仇恨。唐纳德也认同这一点，他认为凶手除与受害人一家有仇外，还非常熟悉受害人一家的情况，否则他无法在不惊扰其他人的情况下悄无声息地犯下如此残忍暴虐的惊天血案。

唐纳德还提出另一种假设，如果凶手的目的是将两个孩子绑走，那他为何不在孩子们上学的路上，或者其他能避免与孩子父母接触的时候实施绑架？但凶手没有这样做，他极有可能当着孩子们的面杀掉了他们的母亲、继父及兄长。凶手这样做的动机很可能是报复受害人一家，而这又预示着凶手和受害人之间关系匪浅。

唐纳德的假设很有说服力，当地警方立即采取行动，大批警员再次走上街头开始走访调查。这一次，警方将走访调查的重点放在了受害人布伦达与前夫之间的关系上。事实上，在没有确凿物证帮助的前提下，警方也确实可以通过走访调查来寻找突破口。在现阶段，警方认为受害人布伦达的前夫有作案嫌疑，而走访调查所得的结果进一步证实了警方的猜想。几乎整个社区的人都表示，受害人布伦达和前夫斯蒂文之间的关系非常差。

警方虽然不能证明斯蒂文就是杀人凶手，但他们有理由监视斯蒂文。在后续的调查工作中，斯蒂文也向警方坦承，在案发前几天，他曾因孩子们的问题与受害人布伦达发生过激烈争吵，但他坚决否认这起命案与自己有关。紧接着，斯蒂文又向媒体求助，他通过媒体喊话凶手，请求对方放过他那可怜的孩子们。很多人都在电视上看到了斯蒂文声泪俱下的祈求，但大家感到十分困惑，因为斯蒂文在电视上说了这样一句话："他们和这些事情没有任何关系，请放过他们。"

大家都很困惑，不知道斯蒂文口中的"这些事情"到底是什么。在各方给予的压力下，斯蒂文同意接受测谎，但他并没有通过测谎。此外，警方还发现，当测试人员问他是否知道孩子们的下落时，斯蒂文的脉搏立即有了非常大的起伏。这种异常的波动意味着斯蒂文很有可能知道孩子们的下落，但他一直都在撒谎。而且，斯蒂文也一直不能向警方提供明确的不在场证明，尽管他一直强调案发时其独自一人待在家中哪儿也没去，但他不能提供人证或物证，因此警方并不愿意相信他这种搪塞的说法。

为了能够彻底洗脱嫌疑，斯蒂文再次借助媒体公开宣称：警方可以通过检查电脑浏览记录及通话记录来确定案发当天他是否一直都待在家里。另外，在这次谈话中，斯蒂文还提到了他与布伦达的另外两个已经成年的孩子——杰斯和文斯。在这期访谈节目中，斯蒂文大吐苦水。他表示这么多年以来，这两个孩子一直都遭受着不公平的待遇，他们不仅没有享受到其他孩子都有的母爱，还经常被指藏毒。

这起访谈节目播出之后，警方立即意识到了一个关键问题，杰斯和文斯是否涉案。通过调查，警方发现杰斯有确凿的不在场证明，因为案发时杰斯正在监狱服刑。至于文斯，警方发现他在案发前一周搬了出去，但这并不能证明他涉案。在办案的过程中，警方也接到过两个匿名举报电话，举报人直指文斯，说他与这起凶杀案有关。现在，警方有必要弄清楚凶手的杀人动机，只有确凿掌握了凶手的杀人动机，才能推演出合理的作案流程并据此锁定嫌疑人。

在寻找凶手作案动机的同时，警方又详细调查了与受害人有经济往来的合伙人和案发前几周进出过受害人房屋的人。这次调查的重点放在了案发前一天曾受邀来到受害人家中参与派对的那几名邻居身上。在调查工作进行的同时，警方终于在案发现场找到了一枚指纹，经鉴定，这枚指纹属于一个名叫格里·杨伍德的青年男子，而他也参与了这次派对。随即，警方又发现这个人有犯罪记录。据布伦达的儿子杰斯所言，这个人还欠了他母亲和马克 2000 美元。

现在警方希望能够从格里身上找到线索，即便不能侦破凶案，警方也希望能够从这个人身上得到两个失踪孩子的下落。但当警方寻找格里的行踪时，调查人员却发现这个人已经神秘失踪了。为了能够尽快破案，警方决定追踪格里的电话。这时警方发现，格里在去博伊斯度假的时候曾和被害人一家通过电话。现在警方唯一能够确定的是，不论事情的真相如何，格里一定是这起凶杀案的知情人，而他正在竭力避免与警方接触。

就在警方努力追踪的时候，格里突然出现在警察局。警方立即对格里进行问话，但格里始终不承认自己和这起凶杀案有关。格里说他不知道两个失踪孩子的下落，为了自证，格里自愿接受测谎。他通过了测谎，在测谎仪的证明下，格里暂时被警方从作案嫌疑人的名单中剔除掉了。

案发 48 个小时后，警方通过举报热线又得到了一条线索。提供线索的人表示，凶手可能是一群骑着机车的人。随后出炉的验尸报告进一步佐证了这一条线索，验尸官认为：凶手在行凶的时候使用的应该是一种一端有分叉的羊角锤，但这把凶器又比家用的羊角锤更大。加上受害人布伦达非常痴迷机车，所以在当时有一部分办案人员相信作案者可能与这些机车手有关。但很快，这种可能也被排除了。

这时，警方再次掌握了新的证据。通过血迹鉴定，警方可以确定案发现场内的血迹没有一滴是来自两名失踪孩童的，这意味着这两个孩子应该还活着。同时，血迹鉴定证实，房间内的大部分血迹都来自斯莱德。这种结果让警方十分震惊，警方很难想象斯莱德流着血在房间内寻找母亲并最终倒在母亲尸体旁的场景。但现在还不是悲痛的时候，在确定两个孩子并没有在案发房屋内遇害的前提下，警方决定在全国范围内寻找这两名失踪孩童。

朋纳斯津的一家商店的主人向警方提供了一条线索。店主表示，她曾看到一个行迹诡异的高个男人带着两个孩子上了一辆吉普车。警方立即封锁了朋纳斯津附近的高速公路，对过往车辆进行排查。但这次行动并没有找到失踪孩童，商店主人看错了人。案发 4 天后，警方又得出了新的检测结果。毒物学检测发现，受害人布伦达和马克在临死前都吸食了大麻。

这项检测结果再次给警方提供了一种可能，会不会是某个犯罪团伙下的手？因为“瘾君子”没有按时付账，所以就将其灭口？要知道，在州犯罪档案中就有光头党闯入民宅用枪械威胁民众并实施抢劫的记录，警方必须考虑这种可能。警方立即找到几名线人，希望能够从内部了解一些消息。但这项调查十分耗费时间，直至案发数周后，案件依旧没有丝毫进展。

警方有很多困惑一直都得不到解答：凶手为什么不杀掉所有人，又为何将两个孩子绑走，他们这样做的目的是什么，是为了得到赎金还是将这两个孩子贩卖掉？警方很清楚，这两个失踪的孩子成了侦破这起案件的关键点。如果能够找到这两个失踪的孩子，那么就能够快速侦破整起案件。虽然警方十分努力地想要破案，但他们依旧没有得到任何线索。

此后，一名目击证人向警方报案。目击证人是一名服务员，她告诉警方，晚餐时间刚过不久，她注意到有两位客人来到餐厅，其中一位穿着红上衣的小女孩一直低头坐在椅子上，她将双手夹在腿中央，一动也不敢动。服务员立即察觉到了异常，她小心观察一番后，发现这个小女孩和警方正在寻找的失踪孩童很像。为了确认这个女孩就是斯塔，服务员还专门走过去，询问坐在小女孩对面的那名男子是否需要点餐。等这名男子点过餐之后，服务员悄悄从后门溜到外面拨通了报警电话。

警方在最短的时间内赶到，并将嫌疑人逮捕，斯塔·格罗尼获救。嫌犯被带到警局后，警方很快确认了这个人的真实身份，他名叫约瑟夫·爱德华·杜肯，今年42岁，来自北达科他州法戈。这个人是一个惯犯，他曾犯过三级性侵犯罪。警方很清楚，三级性侵犯罪意味着这个人很可能有性侵犯史。

事实上，约瑟夫犯下的第一起性骚扰案发生在1978年，当时他只有15岁。两年后，被关在堪萨斯监狱内服刑的约瑟夫再次骚扰了一个青少年，并因此被诊断为性变态者。然而，在经历了长达一年的心理评估测定及相关治疗后，约瑟夫似乎已经痊愈，至少从表面上来看，他已经改过自新了。一直到2004年，约瑟夫故态复萌，在明尼苏达州底特律湖区的广场上对一名6岁男童实施性骚扰。在缴纳了罚金后，约瑟夫逃到了其他地方继续生活。

警方还发现，约瑟夫最后一次在博客里更新的内容带有明显的反社会性质。在这篇博客中，约瑟夫叫嚣他要向社会反击。从以上种种来看，约瑟夫很可能就是警方苦苦追寻的杀人凶手。现在，警方希望能够得到狄伦·格罗尼的下落，但约瑟夫拒绝回答任何问题。为了能够尽快找到狄伦，警方决定搜查约瑟夫的房屋和汽车。在约瑟夫的车内，警方找到了一把霰弹枪、一个笔记本电脑和一个 GPS 定位器。

在电脑内，还有一个内存大约有 4GB 的微型硬盘。在这个硬盘内有许多他在监狱中的照片和影像，但这些都和狄伦无关。警方既没有找到杀人凶器，也没有找到任何可以追踪狄伦行踪的线索。在排除所有线索之后，警方只能将最后的希望放在狄伦的妹妹斯塔身上。警方安排心理学家与斯塔进行对话，他们希望斯塔能够讲出整件事情。

在医院的病房里，斯塔讲出了事情的始末。案发当晚，早已睡熟的斯塔被叫喊声吵醒。然后她看到了布伦达、斯莱德和马克躺在地上，而约瑟夫站在客厅中央，他的手中拿着一把枪。约瑟夫把斯塔和狄伦捆起来，用胶带封住他们的嘴巴，然后将他们转移到屋子后面的草地上。躺在草地上的斯塔，亲眼看到约瑟夫从布包中拿出一把锤子后进了房屋。

杀死斯塔的家人之后，约瑟夫将两个孩子丢进车内，然后开车去了蒙大拿圣里吉斯。在距圣里吉斯约 40 千米的一个树林中，约瑟夫找到一个僻静的露营地。他在这里搭了一顶帐篷，然后对孩子们实施了侵犯。在将斯塔和狄伦囚禁 6 周之后，约瑟夫把他们带到了一个废弃的木屋里，并在这里对狄伦实施了疯狂的折磨。数个小时后，约瑟夫当着斯塔的面开枪击中狄伦，并将狄伦的尸体埋了起来。事后，约瑟夫还假惺惺地告诉斯塔，说他将和她一起共享人生，因为是她让自己知道该如何去爱。

第二天，警方用约瑟夫的定位装置找到了狄伦被谋杀的地点，并且找到了狄伦的尸体残骸。随后，在大量证物面前，约瑟夫选择认罪。认罪后，约瑟夫开始讲述他为这场残忍谋杀而制订的周密计划。约瑟夫告诉警方，当他离开北达科他州之前，他就开始准备他需要的武器和装备了。在准备武器和装备的同时，约瑟夫沿着公路向西寻找目标。当约瑟夫到达爱达荷州后，他注意到了格罗尼一家。当时斯塔和狄伦正在家门前的空地上玩耍，粉嫩可爱的狄伦让他产生了性冲动，他决定对这家人下手。

打定主意之后，约瑟夫又花了整整一天的时间来用望远镜观察格罗尼家周围的情况。后来，约瑟夫觉得时机到了，他蒙上脸，戴上头套和手套，拿着霰弹枪从没有上锁的后门潜入房间。当时布伦达正在客厅的沙发上睡觉。约瑟夫叫醒布伦达，然后用霰弹枪威胁她，让她将马克叫进客厅，再将马克捆起来。

在整个威胁过程中，约瑟夫的伪装很巧妙，他让马克和布伦达误认为这只是一次入室抢劫，这样马克和布伦达就不会有与他拼命的念头。当每一个人都被约瑟夫控制住以后，约瑟夫把狄伦和斯塔带出房屋，以确保这两个孩子不会看到家人被杀害的情形，这样两个孩子才有可能安静地被他胁迫走。之后发生的事和斯塔告诉警方的一般无二。

最终，约瑟夫被控犯有绑架幼童罪及三项一级谋杀罪（谋杀布伦达·格罗尼、马克·麦肯基、斯莱德·格罗尼）。之后，州政府再次控告约瑟夫犯有猥亵儿童罪和另一项一级谋杀罪（谋杀狄伦·格罗尼）。经过审议，法庭和陪审团达成一致，判定约瑟夫·爱德华·杜肯有罪，判其死刑，约瑟夫将被送到监狱内等待伏法。

【异常犯罪心理分析】

这是一起十分残忍血腥的预谋杀人案。杀人凶手约瑟夫·爱德华·杜肯是一个很典型的心理异常者，尽管笔者在回放案发过程和警方办案流程的时候，没有过多描述案发现场内的惨状，但从凶手选用的杀人方式和凶手杀人后的行为就可以想象出这家人到底遭遇了怎样的苦难与折磨，而这也反向映射出了凶手的残忍和变态程度。

在分析凶手的异常犯罪心理之前，我们首先要了解什么是心理异常。其实，心理异常就是行为主体心理和行为失常的统称。心理异常的类别有很多，总体而言，心理异常可以是轻微的，也可以是严重的。

就拿这起谋杀案的元凶约瑟夫来说，他是一个程度十分严重的心理异常患者，我们也可以将约瑟夫称作心理极端变态、异常的恋童癖患者。在心理异常的范畴中，恋童癖是一种违反社会规范的、程度严重的心理疾病，如果患者患有这种心理疾病而又得不到很好的治疗或不愿接受治疗，这种异常心理往往就会诱导患者走上犯罪道路。

一般情况下，程度严重的恋童癖患者会经常产生幻想。在幻想的世界中，患者的异常心理会得到极大满足，而患者也会逐渐迷失。事实上，患者幻想的内容是不可能在现实世界中上演的，一旦恋童癖患者在幻想的世界中沉迷，就会慢慢产生将幻想世界中的行为付诸实现的念头，从而导致惨剧的发生。

事实上，约瑟夫就是这样一步一步在犯罪的道路上沉沦的。起初，约瑟夫只是犯了一些罪行较轻的性骚扰罪。随着他心理异常程度的不断加深，约瑟夫的性观念出现了扭曲，当他第一次公然对青少年实施性骚扰的时候，他已经成了一名彻头彻尾的性变态加恋童癖患者。随后，虽然约瑟夫接受了长达一年的心理治疗，但他其实并不想治好自己。为了能够出狱，约瑟夫假装自己已经痊愈。事实上，长时间接受治疗也是有一定效果的，所以出狱后的约瑟夫并没有马上故态复萌，但这种情况维持不了多久。

随着时间的流逝，约瑟夫的心理变得比之前更加变态，幻想的世界也重新显现，他更加迷恋他在幻想世界中的情形。在心理重新扭曲变态的同时，约瑟夫自然也会做出一些不符合人们认知的行为，比如较严重的性骚扰行为和猥亵儿童的行为等。约瑟夫的行为势必引起其他心理正常的民众的敌视，而他因为被人们敌视又产生了反社会人格。等到约瑟夫的异常心理扭曲到极致的时候，他的心中就只有一种想法，那就是他想让整个社会都知道他有多么邪恶，而且他还要确定他的所作所为一定能够危害到这个社会。

此时，约瑟夫才产生了制造一起入室绑架、强奸及杀人案件的恐怖念头。这个时候，约瑟夫只有两个目的，一个是让自己的幻想变成现实，另一个则是复仇。在约瑟夫的认知里，公众一直都很仇视他，因为他是一个性变态者。事实上，他的行为确实遭到了人们的排斥，所以约瑟夫要让公众为此付出代价，而残害受害人一家的行为就是他报复社会的手段。

第二章

佛罗伦萨杀人魔

佛罗伦萨位于意大利中部阿尔诺河旁，是意大利最有名的城市之一。除了独特的自然人文风光之外，这座城市还是意大利文艺复兴运动的发祥地，有着“新雅典”的称号。受益于意大利独特的文化，佛罗伦萨成了一座非常浪漫的城市。现如今，这座城市是很多年轻人向往的浪漫之都，但在很久以前，意大利其实是一个宗教信仰十分虔诚的国度。当时的意大利人十分保守，他们严格遵守教规，杜绝一切不合规矩的事物。

人与人，尤其是年轻男女之间必须保持距离，坚决不允许做出过于亲密的举动，否则就会遭受其他人的唾弃。但是教规并不能约束所有年轻人，这些坠入情网的热恋情侣总能找到办法摆脱他人的视线来享受难得的二人时光。只不过，这些年轻情侣并不知道，危险也在悄悄地向他们靠拢。

某日，一对年轻情侣逃离父母的监视，驾车来到一块荒无人烟的空地上私会。这个秘密私会的地点是这对情侣精心挑选的，他们相信这一晚一定会十分美妙。正当这对情侣在车内亲密拥吻的时候，一道刺眼的光柱从车外透过车窗射了进来，恐怖的事情发生了。

第二天早晨，一名巡警在例行巡查的时候注意到公路远处的一块空地上停着一辆汽车，这辆车的副驾驶侧车门大开着，但车周围没有人。虽然只是从远处看了一眼，但巡警还是觉得有些不安，他决定走过去查看情况。尽管这位巡警有心理准备，但还是被眼前的惨状吓了一跳。一具男性受害人的尸体靠坐在汽车的驾驶座上，他的头靠在车座外侧的车窗上。透过车窗，巡警只能看到这个男性受害人上身的衬衫敞开着，他的样子看起来就像是睡着了一样，只是脸色十分苍白，额头左侧还有一小块血污。

在汽车外面不远处，一具女性受害人的尸体仰躺在草地上，受害人的头侧在一边，口鼻处也满是乌褐色且已经干涸的血迹。女性受害人的尸体上方还遮着很多张报纸，只将受害人的手脚和头部露在外面。看清楚案发现场的情况后，巡警立即通知总部并将案发现场的情况如实上报。但是当时警方还没有一个完善的办案流程，警务人员也不知道该如何保护案发现场。虽然当地警方立即调派警力赶往案发现场接手调查,但案发现场内的很多证物都不能够取用了。

无奈之下，警方只能将受害人的尸体运到尸检部门进行检验。法医仔细检查了受害人的尸体并得出初步尸检结果。受害人分别是21 岁的卡米拉 · 狄努奇欧和她 30 岁的男友吉凡尼 · 法吉。除了受害人的身份,法医发现受害人的体表有很多枪械和刀具造成的伤痕,两名受害人都遭遇了处决式枪击。除了遭受枪击之外，女受害人卡米拉的下腹部位还有很多道刺伤，并且凶手对她实施了侵犯。更让人感到惊惧的是，凶手竟然将受害人的下体割掉了。法医不清楚凶手为何会如此充满恶意，也不清楚凶手这样做的目的，他只能将手中得出的结果移交给警方，让警方去找答案。

拿到尸检报告后，警官鲁格洛 · 培洛基尼又开始检视其他线索，他十分清楚案发现场内的所有细节和要素都很重要，只有弄清楚案发现场少了什么东西和现场有哪些东西，警方才能逐渐理顺案发过程，从而一步步拼凑出受害人在遇害前的遭遇。经过调查，警方发现受害人在遇害前一晚曾在当地迪斯科舞厅内玩乐，直到派对结束后才驱车离开。警方认为受害人应该是从舞厅离开后直接去了案发地点，他们想在那个僻静无人的地方幽会。

在尸检报告和取自案发现场内其他线索的佐证下，警方厘清了案发过程。案发当晚，正当受害人在车内亲昵的时候，凶手手持枪械悄然接近。他从右侧驾驶室外接近事发车辆，然后突然用强光手电透过车窗照进车内。这束强光惊动了车内的受害人，吉凡尼回头查看情况，但他逆着强光，无法立即看清车外的情形，所以不能及时做出躲避动作。看到吉凡尼回头后，凶手立即开枪，吉凡尼中弹身亡。卡米拉看到吉凡尼遇害后，惊恐地大声尖叫，她下意识地打开车门想要逃离，但她快不过子弹的速度。在逃出数米远后，凶手开枪射杀了她。

虽然厘清了案发过程，但警方并不清楚凶手的作案动机。又因为这起凶杀案发生在没人的地方，所以警方暂时找不到目击证人。不过，这起案件却和多年前发生的一起谋杀悬案十分相似，那起案件也发生在佛罗伦萨北郊的一个空旷地带，受害人也是一对年轻情侣（帕斯卡里 · 金提克雷和史蒂芬妮 · 帕提尼），他们也是在车内幽会的时候惨遭杀害。

在多年前的那起谋杀悬案中，警方也找不到凶手的行凶动机，而且女受害人史蒂芬妮的遭遇与卡米拉的遭遇几乎完全相同。但在那起案件中，尽管凶手在女受害人的下腹部刺了很多刀，还在受害人的下体塞入了异物，但他并没有将其下体割掉。虽然略有差异，但警方还是决定将这两起案件做并案处理。就在当地人猜测这两起案件之间是否有联系的时候，案情出现了惊人转折。

当地警方突然逮捕了一名经常偷窥情侣的当地人，这个人名叫安佐 · 史帕雷提。旋即，警方以犯下两起谋杀案的理由将安佐告上法庭。当地人都知道安佐是一个偷窥狂，当偷窥被人发现的时候，安佐很有可能会铤而走险杀掉被偷窥者，所以当他被警方逮捕的时候，人们都觉得案子到此结束了，安佐应该就是制造这两起凶杀案的凶手。但是，新的凶杀案再次发生了。

两个月后的某日，26 岁的史蒂夫 · 诺伯迪和 24 岁的未婚妻苏珊娜 · 坎华在电影院看完电影后决定去佛罗伦萨市郊幽会。和前两起案件相同，正当这对情侣在车厢内亲热的时候，凶手突然出现了。凶手用强光手电晃花受害人的双眼，然后迅速开枪，两名受害人先后遇害。行凶后，凶手又将女受害人的尸体拖出车外并对其进行了侵犯。最后，凶手割掉了女受害人的下体。

新的谋杀案出现，让警方不得不承认他们抓错了人，安佐被无罪释放，这对警方来说无疑是一次异常丢脸的事故。但是这一起命案发生后，警方在案发现场发现了几个关键证据。其中最主要的一条证据就是凶手遗留在案发现场内的弹壳。弹道专家立即进行弹道测试，确认这些弹壳全部来自点二二口径的手枪。随后，专家将这起命案中的弹壳与前两起命案中的弹壳进行比对。结果显示，最近两起命案中的弹壳是由同一支手枪射出的。现在警方可以断定，最近两起命案为同一名凶手所为。

直到凶杀案再次发生，警方才确信他们面对的是一名连环杀人犯，除了异常凶残的暴行，警方还找到了凶手的作案特征：在这两起案件中，凶手都使用了一种极其变态扭曲的犯罪模式，他会切下女性受害人的下体。另外，凶手在警方逮捕安佐之后立即犯案，意味着他想要利用新的杀人案明确表示凶手是自己，而不是别人。

恐怖阴云再次笼罩佛罗伦萨，人们都很担忧，害怕这名丧心病狂的恐怖连环杀手会找上自己。在当地报刊的大肆报道下，“佛罗伦萨杀人魔”的名头传到了世界各地。此时，为了尽快破案，当地警方设立专线，希望知情人向警方举报。专线设立后，警方接到了大量举报电话，但这些被举报的对象都不是警方正在寻找的杀人凶手。随着时间的流逝，警方始终不能掌握关键证据，相关调查工作逐步陷入停滞。

一年后的某一天，佛罗伦萨又发生了一起命案。一名机车骑士在佛罗伦萨市郊通往乡村的道路上发现了一辆停靠在公路一侧的事故车辆。起初，报案者以为这辆车发生了车祸，一直等到救护人员赶到案发现场后，报案者才知道这根本不是车祸。受害人帕罗·马纳迪和女友安东尼·拉米莉·欧丽妮遭到枪击。安东尼当场死亡，但帕罗却侥幸逃过一劫。帕罗被送往医院进行抢救，而随后赶到的办案人员判定这起枪杀案与“佛罗伦萨杀人魔”有关。

从案发现场的情况来看，受害人应该是看到了凶手的行迹，当凶手接近的时候，帕罗立即发动汽车企图倒车逃走，但慌乱中车子后轮卡在路边的侧沟里难以逃离。此时，凶手的反应十分冷静，他先开枪击碎车前大灯，然后冲着车内的乘客开枪。只是这次攻击并没有按照他事先的计划进行，案发地点又距离村子很近，为了不被人看到，凶手没有残害受害人的尸体，他开过枪后就急匆匆逃离了。因为行凶者逃得匆忙，所以他并不知道帕罗还活着，这是凶手首次犯错。

现在，调查人员迫切希望身受重伤的帕罗能够活下来，希望他目睹了凶手的体貌特征，协助警方破案。不幸的是，帕罗在次日清晨身亡。帕罗的死让警方再次失去了一个可以将凶手逮捕归案的机会，因此警方准备暂时隐瞒帕罗遇害的消息，并利用这一点骗出凶手，逼他泄露行踪。警方借助媒体公开宣称受害人看到了一些事情，并已经将这些事情转告给了警方。

警方希望凶手在看到这则报道后犯错，但凶手十分狡猾。在帕罗下葬的几天后，凶手在深夜突然拨通了负责抢救帕罗的那名救护员的电话。等救护员接通电话后，凶手突然询问帕罗的情况，被吵醒的救护员下意识地说道："帕罗？他死了。"在确定帕罗已经死亡后，凶手叫嚣着要制造一场大屠杀，他会让所有人感到"满意"。救护员艾列·葛兰提急忙报警，警方为了防范凶手，决定对艾列进行保护。

在随后的一段时间里，"佛罗伦萨杀人魔"开始频繁使用公共电话骚扰艾列。在电话中，"佛罗伦萨杀人魔"威胁艾列，让他小心自己的家人。由于"佛罗伦萨杀人魔"使用的电话无法追踪，所以警方始终不能得知他的身份。就在警方苦寻良策的时候，一条突然出现的线索彻底改变了这起连环杀人案的侦办方向。

“佛罗伦萨杀人魔”给警方寄了一封信，在这封匿名信中，“佛罗伦萨杀人魔”用嘲弄的口吻说道：“你们为什么不查一查10年前的谋杀案？”收到这封挑衅信后，警方立即开始调查10年前的悬案卷宗。经过仔细核查，警方找到了一起和“佛罗伦萨杀人魔”所犯的案件十分相似的凶杀案。原来，早在10年前，在佛罗伦萨市郊的一处偏僻地点就有一对年轻情侣在车内被人枪杀。

当时，受害人芭芭拉·洛奇和她的情人安东尼奥·罗华安可在车内亲热，凶手使用点二二口径的手枪，冲着驾驶室连开8枪，两名受害人当场死亡。经过一番调查，负责侦办这起案件的警探认为杀人凶手应该是芭芭拉的丈夫，他因嫉妒行凶。警方仓促结案，芭芭拉的丈夫被判无期。至今，芭芭拉的丈夫仍在监狱中服刑。

在这起发生于10年以前的枪杀案中，警方在案发现场找到了8枚弹壳，这些弹壳就成了破案的关键。为了确认这些弹壳是否来自同一把枪，鉴识专家决定用比较型显微镜来检测这些弹壳。经过仔细比对弹壳上的细微痕迹，鉴识专家认定这8枚弹壳和最近几起案件中发现的弹壳都来自同一把手枪。这样一来，这一系列杀人案被同一把凶器连在了一起。警方开始追踪这把曾经杀死芭芭拉和她情夫的点二二口径手枪。

警方仔细检查了卷宗，断定持有这把手枪的人应该与芭芭拉有交集，他很有可能是芭芭拉的朋友。在这条线索的帮助下，警方追踪到了一个十分有名的恶棍，这个人名叫法兰西·斯柯文奇，他也曾是受害人芭芭拉的情人。法兰西是一个身材魁梧的壮汉，他很喜欢向异性炫耀自己的男子气概。经过调查走访，警方发现这个人向来都有使用暴力的恶名，警方终于确信他们找到了头号嫌犯。

不久，警方再次收到线报，有人在一个偏僻地点发现了一辆废弃汽车。这辆车被枯枝遮掩，看起来十分神秘。经过检查核实，警方发现这辆车的主人就是法兰西，这条线索进一步增加了法兰西的嫌疑。为了不错失将法兰西逮捕的良机，警方决定立即采取行动，但就在警方将法兰西逮捕之后，案情再一次出现了让人惊讶的转折。

几个月后，一对德国观光客在车内遇害。警方仔细检视了凶手留在案发现场内的弹壳，确认杀人凶手就是“佛罗伦萨杀人魔”，他们只得释放了法兰西。在这起案件中，“佛罗伦萨杀人魔”犯了一个错误。经核实，受害人威汉·梅尔和岛鲁西·詹斯均为男性，他们都是在校学生。因为其中一名受害人身形偏瘦且留有金色长发，所以这对德国留学生才会被“佛罗伦萨杀人魔”选为下手对象。“佛罗伦萨杀人魔”行凶后发现受害人均为男性，所以他没有兴趣继续完成“仪式”。

案发后，“佛罗伦萨杀人魔”又匿名给警方寄了一封挑衅信。在信中，“佛罗伦萨杀人魔”透露了他为何会对外国人下手。原来，向外国人下手，就不会留下失踪人口记录，这样警方侦破凶案的难度就会进一步增大。很显然，“佛罗伦萨杀人魔”想要和警方玩抓捕游戏。佛罗伦萨人忍耐的程度已经到达极限，人们对警方彻底丧失了信心，媒体舆论开始炮轰佛罗伦萨警务系统和相关政府部门。

面对各方施加的压力，这起连环凶杀案被转交给意大利国家警察厅，由该机构的重案组主任柯思提·巴娜尔全权侦办。柯思提决定向犯罪心理专家求助，并重新展开调查。

在这次调查行动中，犯罪心理专家建议柯思提利用国家警察厅总部的犯罪档案资料库筛选在警务系统中有犯罪记录并且能够在“佛罗伦萨杀人魔”作案期间自由行动的人，锁定谋杀案的时间、地点和所有找出的前科犯的动向。经过交叉比对，警方发现一个前科犯的名字重复出现，这个名叫皮耶卓·帕奇阿尼的人就住在“佛罗伦萨杀人魔”频繁犯案的区域内，他还犯过强暴与涉嫌谋杀的罪行。

皮耶卓是一个已婚中年男人，他是一名农场工人，有三名子女。在1950年，皮耶卓和村子里最美的女孩订婚，但在完婚前，他在一次偶然的机会下发现自己的未婚妻竟然和一名推销员在一辆车里偷情。未婚妻的背叛让皮耶卓怒火中烧，他冲进车内杀死了那名推销员。杀人后，皮耶卓主动自首。1951年，皮耶卓接受审判。在审判自辩的环节中，皮耶卓说自己是因为看到女友跟其他男人偷情才失去理智动手杀人。最后，法庭做出宣判，皮耶卓被判13年有期徒刑。

犯罪心理专家仔细看完整个卷宗后，觉得皮耶卓和“佛罗伦萨杀人魔”有共同之处，他很有可能是因为未婚妻的背叛而仇视女性，所以才会疯狂报复。锁定主要嫌疑人之后，警方立即采取行动，但因为缺乏证据，警方不能直接逮捕皮耶卓，只能将他带到警局进行问话。在首次侦讯环节中，皮耶卓的表现十分狡猾，他甚至还有一种可以操控问话警员的能力。皮耶卓的表现很符合犯罪心理专家和警方对凶手的侧写，这也让柯思提更加相信他就是“佛罗伦萨杀人魔”。

国家警察厅决定调查这名头号嫌犯。此时，皮耶卓已经 60 多岁了，虽然他有一些健康问题，但调查人员依旧相信他是有能力犯下这一系列谋杀案的。在监视皮耶卓的时候，警方还注意到，虽然皮耶卓已经 60 岁了，但他的力气很大，他能将大树干扛上山丘。但警方还需要确凿证据来证明皮耶卓就是“佛罗伦萨杀人魔”，只有这样，警方才能将他告上法庭。

为了能够获得足够多的证据，警方决定对皮耶卓的房子进行为期 11 天的严密搜查。搜查后，警方终于在皮耶卓的房间里找到了一本画册，这是一件在意大利买不到的特殊物品，警方开始设法追踪这本画册的出售地点。最后，警方发现这本画册是在德国奥斯堡的一家商店中出售的，而购买这本画册的就是那两名德国学生。这是一项很明确的证据，警方完全可以利用这本画册将皮耶卓跟一起谋杀案联系起来。只是想要证明皮耶卓有罪，警方还必须证明皮耶卓和那把点二二口径手枪有联系。

最后，警方在搜查皮耶卓家的花园时，在花园的角落里找到了一枚子弹，警方立即将子弹送到鉴识部门做相关分析。经鉴识专家反复检测比对，证实这枚在皮耶卓家花园中找到的子弹与案发现场使用的是一样的。终于，调查人员掌握了足够的证据来起诉皮耶卓，皮耶卓 · 帕奇阿尼将出庭受审。

尽管皮耶卓始终坚称自己无罪，但法庭还是做出了判决。法庭宣判，皮耶卓有罪，判其无期徒刑。不久，人们却开始质疑警方的判断。在很多人看来，皮耶卓的形象似乎和“佛罗伦萨杀人魔”完全不符，这个又矮又胖的老头真的能犯下这一连串凶残的谋杀命案吗？那枚子弹出现在皮耶卓家花园中是否为警方有意为之？这起案子中还有很多疑点没能解答，所以法庭准许皮耶卓上诉。

虽然饱受怀疑，但国家警察厅始终坚信皮耶卓就是“佛罗伦萨杀人魔”。为了不再被人诟病，警方决定重新检视从皮耶卓家中取得的证物。警方发现了一些可以证明皮耶卓并非单独犯案的证据。皮耶卓的两个朋友，退休邮差马利欧 · 凡尼和流浪汉欧卡 · 洛罗提向警方坦承，他们曾协助皮耶卓进行这些谋杀。因为这两个人提供的证词和警方掌握的情况十分吻合，证词中描述的细节和命案现场中的细节完全一致，所以警方愿意采信他们提供的证词。经调查核实，警方确定这两个人一共参与了四次谋杀行动。最后马利欧 · 凡尼被判无期徒刑，而欧卡 · 洛罗提因与警方合作获得减刑，被判 26 年有期徒刑。

意大利警方认定马利欧 · 凡尼和欧卡 · 洛罗提是在皮耶卓的鼓动下参与谋杀案的，警方有信心向法庭证明皮耶卓是一群冷血杀手的领导人。既然警方已经掌握了确凿证据，在马利欧和欧卡的指证下，皮耶卓难逃法网，但在出庭受审前，皮耶卓却在家中死亡了。皮耶卓的尸体被送到尸检部门进行检验，验尸官认为他死于心脏衰竭。对很多人而言，皮耶卓的死让他们难以弄清楚“佛罗伦萨杀人魔”的真实身份，但对警方而言，皮耶卓就是“佛罗伦萨杀人魔”。

【异常犯罪心理分析】

这是一起系列变态连环杀人案。在这一连串谋杀案件中，杀手的作案特征十分明显。比如被害人遇害时都待在汽车内，所有的案发现场都位于偏远地带，凶手的作案过程和行凶手段基本相同，受害人均死于枪击，凶器为同一把点二二口径手枪。

虽然“佛罗伦萨杀人魔”一案依旧留有很多谜团，但笔者认为，皮耶卓是“佛罗伦萨杀人魔”这件事是毋庸置疑的。首先，皮耶卓的两名同伙已经认罪，他们向警方供述了相当详尽的证词，这些证词中的细节足以证明皮耶卓就是制造这一系列残忍谋杀案的主谋。其次，皮耶卓有充分的作案动机。皮耶卓的未婚妻在完婚前背叛了他，而他则亲自动手杀死了奸夫。因为皮耶卓目睹了未婚妻与奸夫偷情的场景，所以这一情形给他的心理造成了难以挽回的损伤，也就是在这一刻，他的心理开始变得扭曲。

通常情况下，人们即便目睹了未婚妻背叛自己，也很难做出杀人行径，但皮耶卓这样做了，这足以证明他是一个冷血且漠视他人生命的人。此外，受到刺激的皮耶卓在车内将奸夫杀死，这种大仇得报的感觉使他首次品尝到了一种异样的快感。更重要的是，这次杀人的情形与画面已经深深地印在了他的脑海中。

因此，皮耶卓所犯下的凶杀案大多与车和在车内亲热的年轻情侣有关，这不仅是因为他那既定的作案模式，还主要与他想要还原幻想世界中的某些画面有关。另外，随着作案次数的增多，皮耶卓行凶的主要动机也从杀死受害人转变成对女性受害人实施侵害和残害女受害人的尸体，这进一步体现了皮耶卓对女性的仇视。

皮耶卓还有一种人格特质，正是凭借这种特质，他才可以轻易操纵身边的一部分人。马利欧·凡尼和欧卡·洛罗提就是皮耶卓选中的工具，在面对一些他不能独自杀害的受害人时，皮耶卓就会带上这一对帮凶，让他们协助自己完成谋杀。因为这两名帮凶完全受控于皮耶卓，所以他们并没有十分明确的作案动机，但这也意味着，他们同皮耶卓一样是极端冷血、残忍且不具备人性的人。

第三章

冷血杀手

20世纪80年代末，出生在英格兰西北部的流动工匠约翰·斯威尼来到伦敦讨生活。约翰是一个四海为家的匠人，他从没有在哪座城市待过太久，但这一次他决定在伦敦留下来。留在伦敦后，约翰一切都很顺利，他在伦敦西区的时装拍摄场内找了一份木匠工作，不久后，他就遇上了来自俄亥俄州的美丽女孩——梅莉莎·哈斯特德。

梅莉莎是一个美籍模特，她也在伦敦西区工作。梅莉莎初到伦敦，对周围的一切都不是很熟悉，也没有朋友。但约翰对伦敦十分熟悉，在与梅莉莎相识之后，约翰就经常带着她四处闲逛。很快，两个人就产生了感情并确定了男女朋友关系。随后，梅莉莎和约翰在伦敦斯隆广场附近黄金地段的河畔高尚住宅区内租了一间公寓，两人正式同居。

除了本职工作，约翰还是一个素描画师，他总在闲暇的时候作画，在他看来，正是因为自己具备这种艺术天赋，所以才能吸引到同是艺术爱好者的梅莉莎。但在警方的卷宗中，还清晰地记述了约翰私生活中的黑暗面。约翰确实会画一些素描，但他的私生活十分放纵。警方认为，梅莉莎之所以会和约翰在一起，完全是因为两个人的本质是相同的。

事实上，约翰和梅莉莎之间的感情并没有维持太久，等最初的新鲜感消失之后，约翰本身的劣性开始逐渐显现。约翰本来就是一个跋扈蛮横的人，一旦有矛盾，他就会对梅莉莎拳脚相向，梅莉莎不堪受辱只能向警方寻求帮助。梅莉莎的妹妹到伦敦游玩时，曾在梅莉莎和约翰租住的公寓内借住。在这段时间内，她目睹了约翰对梅莉莎施加的暴力行为，并因此拨通了报警电话。在警方记述的卷宗中，约翰曾两次被控袭击梅莉莎，并被判罪名成立。但更恐怖的事情还未发生，因为这个美籍模特即将在不知不觉中陷入连环杀手的暴力魔掌中。

1987 年年末，梅莉莎的签证到期，她即将被逐出英国。梅莉莎十分欣喜，因为她知道这是离开约翰的好机会。借着这个机会，梅莉莎搬到了维也纳居住，但她依旧没能真正摆脱约翰。在约翰看来，梅莉莎就是自己挚爱的另一半，因此他不愿梅莉莎离开自己。当梅莉莎离开后，约翰也寻了过来。再次相遇后，梅莉莎选择妥协，但没完没了的家庭暴力早已注定了最终结果。

在一次异常激烈的争吵中，约翰用一柄羊角铁锤击裂了梅莉莎的头骨，梅莉莎必须紧急进行手术，而约翰则会被送进监狱。这一次，约翰被控残酷攻击梅莉莎。维也纳警方将约翰逮捕并将他暂时关押起来。梅莉莎侥幸逃过一劫，出院后，她给妹妹打了电话。在电话中，梅莉莎反复强调这段感情不会有结果，并告诉妹妹："如果有一天你找不到我，那我一定是被他杀掉了，他可能还会弃尸。"

尽管梅莉莎有不祥的预感，但她还是没能借着这个机会从约翰身边逃离。事实上，梅莉莎并不清楚，她其实已经习惯了被约翰掌控，而约翰也早已完全控制了她的情感，这种控制是梅莉莎始料不及的。即便被骗得遍体鳞伤，约翰还是凭借着自己的花言巧语和虚情假意来说服梅莉莎。最后，梅莉莎再次被约翰说动，她主动向维也纳当局上诉，要求释放约翰。此时，梅莉莎并不知道，倘若自己无法摆脱约翰，那她将丢掉性命。

约翰获释后，梅莉莎就和他一同搬到了阿姆斯特丹生活。在之后的一段时间里，这对情侣似乎又过上了安定的日子。在房东的眼里，约翰和梅莉莎称得上模范租客，他们按时交租，从不招惹麻烦。1989 年 11 月，33 岁的梅莉莎给远在美国的家人打了一个电话。这是梅莉莎的习惯，几乎每年她都会在 11 月给家人打一个电话，向母亲说一声“生日快乐”。但可惜的是，这一次家人都不在家，所以没有接到这通电话。梅莉莎的家人无论如何也想不到，这通电话其实是他们与梅莉莎进行最后一次谈话的机会。

因为没人接听电话，所以梅莉莎给家人留了言。梅莉莎先向母亲祝贺生日，希望她玩得开心，然后又说自己准备买一台传真机，等下次通话的时候，她会将传真号告诉家人，这样他们就能相互联系了。自此之后，梅莉莎远在美国的家人们就再也没有接到她的消息，梅莉莎失踪了。

1990 年 4 月，约翰和梅莉莎的房东惊讶地发现，这对模范租客突然消失了。虽然这种情况让房东觉得有些奇怪，但因为房间内的私人物品都被打包带走了，所以房东以为这是租客退租，并没有将这件事看得很重要。

又过了几周时间，一位游客在途经鹿特丹某运河的时候看到了一个漂在水面上的行李袋。即使隔得很远，游客也能闻到一股腐臭味。察觉到异常之后，游客选择了报警。警方赶到后，立即将这个散发着恶臭的行李袋打捞上岸。在打捞的过程中，有经验的警探就意识到这个行李袋内装的很有可能是一具尸体。果然，受害人是一名女性，但因为凶手将能识别受害人身份的特征都破坏了，所以警方无法通过比对牙齿记录和指纹信息来确定受害人的身份。

鹿特丹是欧洲当地十分繁忙的海港之一，这里往来的人流量非常大，警方很难找到目击证人。无法用科学方法确认受害人的身份，又没有办法找到可以提供线索的目击证人，这让鹿特丹警方的调查陷入停滞。一个月后，荷兰警方接到梅莉莎母亲打来的报案电话。

自一年之前，梅莉莎给家人电话留言之后，就再也没和家人有过联系，这让梅莉莎的母亲非常担忧她的安危。因为梅莉莎的妹妹曾目睹过约翰对梅莉莎拳脚相加，所以梅莉莎的母亲担心她可能会遭遇不测。接到报警后，当地警方立即着手调查，在仔细搜查了梅莉莎住过的那栋公寓后，却没有发现任何证据能够显示这里曾经有罪案发生。

随后，约翰·斯威尼的过往被揭露，原来约翰出生于利物浦，他在这座城市长大，并成了一名木匠。后来，约翰·斯威尼曾和当地的一个名叫安·布拉姆利的女子结过婚，但这也是一段破裂的关系。警方在调查中发现，约翰很早就有酗酒的习惯，他的性格叛逆，行踪飘忽不定，还经常做出一些常人难以理解的事情。每次喝醉后，约翰就会对安施加暴力，饱受折磨的安决定与约翰分居，自己搬到朋友那里暂住。

暂时分居后，安曾回到住处拿一些衣物，等她回到家的时候，刚巧有两名巡警在邻居家处理一些事务。安打开房门，约翰突然从柜子中跳出来，他左手拿着一把长柄斧头，右手举着一柄铁锤，大呼小叫地朝着安冲了过来。安惊声大叫，待在邻居家的巡警及时赶到，但约翰却告诉巡警，他只是想吓唬一下妻子，并没有其他意思。因为安受到了惊吓，而且当时的情形又十分紧张，所以巡警就以破坏社会安宁的罪名将约翰带走了。没有人能够想到约翰的真实意图是什么，如果结合他之后的行径来看，倘若不是巡警们就在门外，安很可能已经死了。

事后，安决定彻底摆脱约翰。下定决心后，安就和家人们一起搬到了一个偏远小镇定居。获释出狱后，由于约翰找不到安的踪迹，随后他就独自前往伦敦，并在这里遇上了梅莉莎。在之后的三年中，梅莉莎曾多次遭到家暴，这种情况也预示了她的悲惨结局。

因为没有证据能够证明梅莉莎已经遇害，警方又没有办法联系到梅莉莎和约翰，所以警方自然不会相信梅莉莎已经遇害，相关调查到此结束。更重要的是，当地警方在结束调查之后也没有将梅莉莎列入失踪人口名单，而这个无心之失再一次使凶手逃过了追捕。事实上，当局也并不知道早在 1990 年 4 月，约翰 · 斯威尼就已经从阿姆斯特丹独自离开了。

两年后，约翰再次回到伦敦，他在一家酒吧里遇到了护士迪莉娅 · 巴尔默。据迪莉娅回忆，从进入酒吧开始，约翰就一直盯着她看。过了一会儿，约翰起身向她走来，邀请她一起喝一杯酒，她同意了。在相处的时候，喜爱旅游的迪莉娅发现约翰游历过很多地方，他的见识很广博，谈吐也很优雅，很快迪莉娅就被这个留着络腮胡但看起来很文雅的男人迷住了。就这样，两个人的关系飞速发展，仅仅过了数日，迪莉娅就和约翰同居了。

对迪莉娅而言，约翰是个很完美的男人，他们甚至一起去了墨西哥，在那里度过了一段美好的时光。只是相处了一段时间后，迪莉娅发觉了一些问题，她发现约翰有一些令人不安的兴趣。同居后，约翰用一个大玻璃箱养了一对狼蛛，几乎每天他都会花数个小时来观察这对“宠物”。除了观察狼蛛，约翰还会看一些恐怖杂志，他从不与迪莉娅进行长时间的谈话，这和同居之前完全不同，也与迪莉娅想象中的同居生活有着非常大的差距。

紧接着，迪莉娅又感受到了约翰的超强控制欲。约翰甚至给迪莉娅下令，让她不能独自离开住所。如果迪莉娅想要外出，约翰一定会跟在她身边，即便是迪莉娅如厕的时候，约翰也会跟着。在一起两年后，约翰的控制欲愈演愈烈，迪莉娅实在无法容忍约翰的变态要求，她决定赶走约翰。被逐出家门的约翰深感不忿，他准备在迪莉娅回家的时候出手对付她。

当晚，迪莉娅回家的时候被约翰控制，约翰用一捆绳索将迪莉娅的手捆上，然后将她绑在卧室的床上。做完这一切之后，约翰朝着迪莉娅大声叫骂，并故意向她展示他带来的刀具和枪械。迪莉娅曾向警方回忆自己被约翰控制时的情形，她感觉自己就像是被关进了精神病房，而约翰就是那个发了疯的精神病人。第二天，约翰担心如果迪莉娅不去上班，她的同事会生疑，于是他决定让迪莉娅继续去上班。

在放走迪莉娅之前，约翰故技重演，他声泪俱下地请求迪莉娅宽恕自己，企图用这种“真心”悔过的态度来骗过迪莉娅，让她相信自己已经洗心革面、彻底悔过。事实上，约翰只是希望迪莉娅能够不将昨晚发生的事情说出去。迪莉娅很清楚，她现在依旧十分危险，为了能够骗过约翰，迪莉娅假装自己很害怕，并愿意帮约翰保密。在之后的几个星期里，迪莉娅也想过逃跑，但她还是克制住了自己，因为她知道如果自己逃跑，势必刺激到约翰，她必须等一个合适的机会。

很快，机会来了。因为某些原因，约翰必须去德国工作一段时间，迪莉娅知道这个消息后立即将门锁换掉，想要借机摆脱约翰，但她还是失败了。约翰再次冲进迪莉娅的房间，他将迪莉娅绑在床上，然后把手指塞到迪莉娅的喉咙里，变态地大声吼叫道：“你到底想干什么？”事实上，口里塞着手指的迪莉娅本来就很难发出任何声音，她也不敢出声，因为约翰的另一只手里抄着一把刀。

这一次，迪莉娅心知不妙，她觉得自己可能会丧命，但幸运的是，迪莉娅的同事因为担心她的安危，在当晚联系了警察。警方接到报警后，调派了迪莉娅公寓附近的巡警上门调查。警察敲门后，约翰既不敢出声回应也不敢前去开门。最后，没有办法的约翰只能让迪莉娅去开门，但在放开迪莉娅之前，约翰威胁她，让她尽快打发走警察，只要迪莉娅按他的要求去做，他随后就会离开，但是如果迪莉娅不这样做，那他一定会让她后悔。

放开迪莉娅后，约翰还不放心，他悄悄跟在迪莉娅身后，以防迪莉娅要花招。但迪莉娅早就做好了准备，她一打开房门就立刻冲出门外，等约翰回过神来时，警察已经进门了。随后，警方将约翰逮捕。在将约翰带走后，警方还准备将约翰的物品也搬出迪莉娅的公寓，在整理约翰的私人物品时，警方有了惊人的发现。警方在浴缸下面找到了一个套着防水布的布袋，里面有一根长绳，一副手术用的手套和多卷胶带。此外，警方还找到了一些疑似是用来清理犯罪现场的毛巾。这些会不会是约翰的行凶工具？他又是否犯过其他凶案？

警方暂时找不到答案，但他们决定先以攻击迪莉娅的理由将约翰送上法庭。约翰被关进了监狱。1994 年年末，在圣诞节即将来临之际，监狱决定特赦一批因犯下轻微罪行而被刑拘的罪犯，让这些犯人可以在家里和家人共度圣诞，而约翰就在受惠者之列。获释当晚，约翰就满含着恶意直奔迪莉娅的家。尽管迪莉娅对警方讲过约翰的恶行，她很清楚约翰获释后一定会来找她报仇，但警方依旧没有对她进行保护。

当晚，迪莉娅骑着单车下班回家，当她来到房门前的时候，拿着刀具和斧头的约翰突然冲出来。在迪莉娅发出声音之前，约翰立刻将迪莉娅按在房门上，然后用斧头上的木柄抽打迪莉娅的头部。迪莉娅举起手臂护住头部，她尝试着用脚去踢约翰，但一直没能踢中。迪莉娅又试着将单车提起来护住自己，但约翰一把将她推到地上，单车半压在迪莉娅的身上，替迪莉娅挡下了一部分攻击。就在这时，约翰突然拿出刀子刺向了迪莉娅的胸膛。

迪莉娅大声喊叫，她的耳边只能听到约翰疯狂挥动斧头击中单车和她身体时发出的敲击声，她看着约翰将斧头高高举起，她可以感觉到死神正在一步步向她靠近。在最后一刻，迪莉娅用双手遮住脸，她闭上眼，准备等待死亡的降临。就在这时，一名手持棒球棍的邻居突然出现了。邻居看到约翰正在疯狂攻击迪莉娅，他立即冲上前去，用棒球棍狠狠地击打了约翰的背部。受到攻击后，约翰转身逃离。此时，迪莉娅命悬一线，邻居急忙拨通报警电话，将迪莉娅送医治疗。

幸运的是，尽管迪莉娅身中多刀，伤势十分严重，但她还是坚强地活了下来。警方开始四处追捕约翰，但约翰早已逃得无影无踪。经过调查，所有线索全部中断，相关调查只能暂时中止。此时，没人知道约翰的行踪，警方也只能提醒广大市民，一个极度危险且携有武器的男子正在英国境内流窜，一旦有人发现目标，必须立即向警方报案。

不久，脱离生命危险的迪莉娅又给警方提供了一条十分重要的线索。迪莉娅告诉警方，她曾在约翰的行李中看到过一张年轻女孩的照片，约翰曾向她吹嘘，说这是他的美籍女友梅莉莎。约翰还说，有一天他回家的时候，看到梅莉莎和两个德国男人躺在床上，所以他就开枪将他们全部杀死了。约翰还说，因为他不知道该如何处理尸体，所以他在这三具尸体旁边待了整整三天。最后，约翰动手将三名死者的尸体肢解，分批丢进运河，毁尸灭迹。

拿到这一条线索后，伦敦警方立即同荷兰警方取得了联系，双方共享信息，确定这条线索和 1990 年发生在鹿特丹的一起疑案有关。警方需要证明在 1990 年遇害的那名受害人就是梅莉莎，只有这样案情才能得到突破，警方才能继续侦办这起线索全无的悬案。为了能够证实受害人的身份，荷兰警方火速联系上梅莉莎的家属，从他们那儿拿到了梅莉莎父母的 DNA 样本。经过比对，荷兰警方发现受害人的 DNA 和梅莉莎父母的 DNA 样本不匹配。又因为阿姆斯特丹警方手中没有梅莉莎来过这座城市的证据，所以警方决定终结调查。

几年后，三名男生在伦敦某河旁垂钓，他们钓到了一个旅行袋，因为旅行袋散发着一股难闻的恶臭，三名男生决定报警。警方赶到后，发现旅行袋内装的是一些腐烂的尸块。警方立即对这片水域进行全方位的打捞搜查，结果又从水中找到了五个旅行袋，这六个旅行袋内一共装了十块人体残肢。弃尸者还在旅行袋的底部装了一些砖块和陶瓷碎片，他想用这些东西的重量来确保旅行袋不会浮上水面。

经过初步尸检，警方确认这些尸体残块来自一名年轻女性。这起命案和发生在荷兰的那起案件十分相似，凶手显然是希望通过分割受害人尸体、销毁受害人的指纹及齿痕的方法来阻挠警方办案。如果警方迟迟不能确定受害人的身份，那么相关的调查工作势必无疾而终，而凶手自然就有机会逃离法律的制裁。

案发后，警方确实难以确定受害人的身份，最后警方决定采集受害人的DNA样本，将样本输入DNA资料库内进行比对，比对的结果显示，受害人是31岁的宝·拉田。宝是利物浦人，成年后来到伦敦讨生活，但不幸陷入了毒品和卖淫的旋涡之中。经过调查，警方发现宝失踪前曾与一个名叫乔斯的人有过联系。乔斯和宝是同乡，所以两人很快就成了好朋友。

因为宝的生活很不检点，所以她消失一段时间是很正常的事情，家人也从不担心。但在圣诞节前后，宝的家人依旧不能联系上她，便开始担心她的安危，于是向警方报了失踪。警方在调查这起失踪案的时候，查到了乔斯。当时，警方只知道乔斯住在某公园附近，但不知道具体是哪栋公寓。在做走访调查的时候，警方才从另外一位住户那儿得知了乔斯的住址，并且知道了乔斯还有另外一个名字——安东尼·斯威尼。掌握了安东尼的情况之后，警方决定秘密监视他。

在监视安东尼的时候，警方发现安东尼经常和一名男子会面，警方立即调查了这名男子的身份，他们发现这名男子是安东尼的弟弟约翰。为了拿到更全面的信息，警方将安东尼和约翰的身份信息拿到犯罪档案资料库内进行比对，比对的结果让警方大吃一惊。原来这个约翰就是在1994年袭击迪莉娅的约翰·斯威尼，他已经在逃超过五年了。为了确保万无一失，警方悄悄尾随约翰，然后趁他进入理发店准备预约理发的机会将他逮捕。

将约翰逮捕归案后，警方又搜查了他的住所。在约翰的住所内，警方找到了大量枪械和弹药。除此之外，约翰还有一把开山刀、一根钢丝、一顶假发和一捆绳索。因为他这些武器枪械都属于非法持有，所以警方准备在意图谋杀的罪名上追加一条违反枪械管制法的罪名。除了这两项罪名，警方还认为约翰可能与宝·拉田遇害一案有关。

在随后展开的审讯中，约翰承认自己确实认识宝，也承认曾对宝实施暴力，但约翰坚决否认宝的死与他有关。由于约翰拒不认罪，而警方手中又没有能够证明他有罪的证据，所以英国皇家检控署裁定警方不能以涉嫌谋杀宝·拉田的理由来起诉约翰·斯威尼，但警方可以指控另外两项罪名。约翰·斯威尼被送到中央刑事法院受审，审判过程十分顺利，法庭裁定约翰·斯威尼有罪，判其有期徒刑 9 年。也就是说，9 年后，约翰·斯威尼很可能会重获自由。

然而，警方始终坚信约翰一定还犯有其他罪行，所以即便是约翰被关进监狱，相关的调查工作依旧继续进行着。在后续的调查工作中，警方从约翰的行李中找到了很多内容极度邪恶、黑暗的画和诗，其中就有一幅为《头皮猎人》的自画像。在这幅画里，约翰化身恶魔，手持沾满鲜血的斧头，站在满是血迹的空地上。因为这些画内容极度诡异、黑暗，所以警方着重检查了这些画，也正是通过这一行为警方才最终找到了能够将约翰和多起命案连在一起的关键证据。

在约翰绘制的一幅体现他与女友梅莉莎一同游玩的素描里，他用涂改液覆盖了一小块区域，擦掉涂改液后，警方看到了“梅莉莎，生于1965年，死于（空白）”的字样。约翰是如何知道梅莉莎已经死了？要知道，这个问题只有凶手才会知道。警方开始怀疑约翰与梅莉莎失踪一案有关。因为梅莉莎是美国人，所以英国警方当即决定邀请联邦调查局参与此案的调查工作。

联邦调查局立即抽调了两名精英特工前来协助英国警方侦办案件，两名特工介入调查后，也十分看重约翰绘制的这些恐怖的画。在约翰绘制的这些画中，他都会以抽象的手法将他和女友画在画里，而画中的女性几乎全被残忍杀害。除画外，约翰还在一些诗句中提到了梅莉莎。约翰的文笔不佳，但他会在诗句中提到特定的城市或地点。比如，在其中一首诗里，通篇充斥着诸如“将梅莉莎拿去喂鱼”和“阿姆斯特丹真糟糕”之类的词句。在特工看来，这些充满恶意且直白的词句就是约翰的内心独白。此外，特工还认为约翰画和诗中表现出来的情形很可能都已经在现实中发生了。

为了尽快破案，特工赶往荷兰，希望能够说服荷兰警方重启调查。终于，荷兰警方同意成立专门侦办悬案的调查小组。在新一轮的调查中，荷兰警方将案发在多年前，从鹿特丹找到的尸体资料拿到最新的DNA资料库内进行比对。比对的结果证实，1990年在鹿特丹找到的那具女性残骸就是梅莉莎。特工几乎可以断定，约翰·斯威尼一定和梅莉莎的死有关，而他还极有可能是杀害宝·拉田的凶手。在特工的建议下，警方决定用这两起分别发生在英国和荷兰的抛尸案来相互佐证，证明约翰·斯威尼就是谋杀这两名无辜女子的凶手。

最终，在约翰获释前夕，警方以涉嫌两起谋杀案的理由再次将约翰 · 斯威尼告上法庭。审讯在伦敦中央刑事法院展开，在法庭审理阶段，检方将约翰绘制的画当作证据展示给法官和陪审团看，因为这些画将谋杀细节和肢解尸体的细节全部表现了出来，所以陪审团和法官的意志开始向不利于约翰的方向倾斜。

等到检方用两起抛尸案相互佐证的时候，陪审团和法官基本达成了一致。尽管约翰坚持宣称自己是无罪的，并亲自登上证人席为自己辩护，但法官和陪审团还是做出了有罪判决。约翰 · 斯威尼被判终身监禁，他将在监狱中度过余生，为他所犯下的罪行赎罪。

【异常犯罪心理分析】

在这几起案件中，凶手约翰表现出了极为冷血、残暴的个性。仅从这两点来看，约翰 · 斯威尼的心理异常程度就远远超出了普通罪犯，更何况约翰还有着极为变态的控制欲望，一旦他选中的对象想要脱离掌控，他就会化身成变态施虐狂，随着施虐次数的增多，约翰也势必做出更加残暴的行径。

在追溯根源的时候，我们不难发现约翰本身有一些十分古怪的习惯，他有暴力倾向，又热衷于喝酒。在成年之后，约翰开始吸大麻。酒精和大麻一步步蚕食了约翰的理智，让他变得更加残忍、暴虐。除了这两种不良嗜好，约翰还热衷于阅读恐怖书籍，饲养可怕的动物，他的这些行为也会在无形中扭曲他的心理，让他变得更加异于常人，也更容易失控。

从表面上看，暴力冲突似乎是破坏约翰和女友梅莉莎之间感情纽带的根本原因，但事实上，约翰本身就是一个性格暴戾而又严重缺乏自制力的人。要知道，在和梅莉莎相识之前，约翰就已经有了一段糟糕的婚姻，而他正是导致这段婚姻走向灭亡的根本原因。尽管约翰在和女友同居之前的表现十分文雅，但这只是他的手段，一旦得手，他势必暴露出本性。

约翰所画的每一幅画都带着十分强烈的暴力因素，而这种因素恰恰体现了他和女友之间的真实关系，可以说，约翰不断结交新女友的目的其实就是满足他内心深处的变态欲望。从频繁向前妻施加暴力开始，约翰的内心世界就变得扭曲起来。再加上酒精和大麻的作用，约翰轻易便产生种种幻觉。在约翰的幻觉世界里，他就是唯一的主宰，而这又让他的控制欲望变得越来越强，他开始不能容忍他人违背自己的意愿，一旦有人这样做了，他就会用最残暴的手段教训对方。

事实上，残忍、暴虐、易怒又缺乏自控力的人最容易做出伤人行径，也很容易犯下杀人案。显然，约翰就是这样的人，在犯下第一起杀人案后，约翰的变态控制欲望得到了空前的满足。为了能够继续满足自己的欲望，约翰想方设法消除作案证据，只有这样，警方才无法迅速破案，他才有机会寻找下一个“猎物”，才能继续实施杀戮。

对约翰而言，杀人的终极目的就是满足他内心深处日益强烈的变态控制欲望，这也是让他连续犯案的根本原因。但真正让约翰走上犯罪道路的是被他隐藏在内心深处的暴虐本性。在多种外因的诱导下，约翰逐渐失去了控制这种暴虐本性的能力，或者说，他已经迷上了对他人施暴的感觉，而这是使他在幻觉世界中沉迷的关键。随着沉迷程度的加深，约翰的内心世界变得越来越异常、变态，最终他成了一个杀人犯。

第四章

隐藏的杀手

在加拿大，人们大多会将家安在郊区或卫星社区内，这样一来，家就可以成为远离城市喧嚣的避风港湾。每当工作结束之后，人们就可以在安静的家中独享只属于自己的时光。但居住在偏僻地带也不是一件很安全的事情，一旦有心怀不轨之徒前来冒犯，那主人可能就会遭遇不测。在魁北克省蒙特利尔市郊区，就有一个疯狂、残暴的连环杀手。因为这个杀手总是将自己乔装打扮成提供上门服务的杂工，所以很多人都将他称为“杂工杀手”。

1999 年 10 月，魁北克省蒙特利尔市某个小镇上的居民同往常一样按部就班地过着生活。这个小镇建在蒙特利尔市西北方的小岛上，因为地理位置的原因，整座小镇只生活了大约 1500 人。因为这里的环境相对封闭，居住在这里的人又大都相互熟识，所以小镇上基本不会有麻烦事儿发生。在当地警方的认知里，这个地方绝对称得上是治安最好的城镇。

59 岁的安娜 · 雅诺就住在这里，虽然她是独居在家，但她与丈夫罗伯和女儿伊莎之间的感情非常好，一家人只不过是因为工作而不得不暂时分开罢了。在伊莎的记忆里，母亲安娜是一个兴趣广泛、性格完美的女人，她热爱画插画，是一个很有艺术天分的女人。安娜很喜欢小动物，她养了一只小狗。在家人都不在家的时候，只有这只小狗能陪她解闷。安娜十分喜爱这只小狗，还给它起了一个很好听的名字——楚波。

安娜家比较偏僻，房子建在距离大路很远的地方，房屋后面是大片的树林，房前只有一条小路，所以这里的环境十分安静隐秘，不熟悉道路的人几乎都发现不了这里竟然还有一户人家。10 月 14 日下午 3 点，安娜带着生了病的楚波去看兽医。经过检查，兽医发现楚波体侧有一块肿瘤，想要治好楚波，就必须将这块肿瘤切除掉。因为不能确定这块肿瘤是不是良性的，安娜十分担忧楚波的状况。

看完兽医后，安娜带着楚波回了家。安娜的丈夫在办公室里给安娜打了一个电话，向她询问了楚波的情况。晚些时候，伊莎也和安娜通了电话。在电话里，安娜的声音有些沙哑。伊莎知道，母亲一定是偷偷哭过了。为了能够让母亲恢复平静，伊莎告诉安娜，只要开了刀，楚波的病情就会好转，所以请她放心。在确认安娜的心情平复之后，伊莎挂断了电话。

天色渐渐暗沉，等太阳落山之后，安娜家也亮起了灯。过了一会儿，一辆陌生的汽车悄然开到安娜家门前。紧接着，从这辆车上下来了一个陌生男人，他头戴鸭舌帽，长长的帽檐挡住了大半张脸孔，这个陌生人下车后一言不发，径直向安娜家走去。随后，恐怖的事情发生了。

10 月 15 日上午，因为担心安娜心情不佳，伊莎和罗伯分别往家里打了几个电话，但都没有接通。因为一直联系不到安娜，所以伊莎又和父亲罗伯通了电话，罗伯说他也没有联系到安娜，这让他和伊莎都很担忧。为了弄清楚情况，罗伯决定回家探望安娜。当天晚上，罗伯驱车赶回住处。将车辆停好之后，罗伯一眼就看到了停靠在门外车道上的汽车，这是妻子安娜的座驾。因为家里还亮着灯，所以罗伯以为安娜就在家里。

罗伯一边往屋里走，一边大声呼喊安娜的名字，但始终没人回应。进屋后，罗伯没有在楼下看到安娜的身影，就连小狗楚波都不知道去了哪里。罗伯上楼打开卧室的房门后看到了楚波，它被关在卧室内。罗伯伸手摸了摸楚波的头，然后抬头打量了一下卧室里的情况。罗伯注意到安娜的手提包被丢在床边，钱包、卡片和一些零钱散落在外。屋子里的情况让罗伯越来越担心，他决定去院子里看看情况。

罗伯先去了花园，他刚走下台阶，就看到了安娜的身影，她一动不动地趴伏在花园内的一个花盆前。罗伯急忙跑了过去，但安娜早已没了呼吸。悲痛欲绝的罗伯急忙拨通了报警电话，警方赶到了案发现场。犯罪心理专家随后赶到，他先安排鉴识小组将案发现场内的情况用相机记录下来，然后开始搜集罪证。在记录证据的时候，取证小组的成员发现安娜的头部和脸颊上有很多明显的伤痕，从伤口的痕迹和形状来看，凶器应该是一种很重的钝器。

随后，取证人员仔细搜查了整个花园，并在花园的角落里找到了一个沾满鲜血的花盆。在将证据全部采集完毕之后，警方根据案发现场内的情况推导出了最有可能的案发经过。因为安娜的眼镜掉在浴室内的洗脸盆里，所以警方认为案发时，安娜应该正在洗漱。当她听到开门声后，安娜立刻戴上眼镜准备出去查看情况，但凶手就在她回头的那一瞬间进入浴室，并立即对她实施了攻击。受到攻击的安娜拼命反抗，她挣脱了凶手，转身向外逃去。凶手显然没有善罢甘休，他紧追在安娜身后。

安娜逃出屋外，但她并没有将凶手甩脱。凶手趁着安娜拼命向前逃跑的机会猛冲上前，一把将安娜按倒在地。凶手先死死卡住安娜的脖子，然后抄起放在一边的花盆死命地朝着安娜的头颅重击。杀死安娜后，凶手从容地回到房间内，他翻开安娜的皮包，偷走了她的银行卡。

从警方推测出来的案发过程来看，这应该是一起入室抢劫杀人案，但相较于同类型的案件而言，这起入室抢劫杀人案又显得过于暴虐。要知道，凶手用花盆活生生将受害人砸死和用枪杀死受害人根本就是两码事。因为暂时没有可供破案的线索，所以警方决定先从受害人的家属身上查起。一般情况下，在大多数已婚妇女遇害案中，受害人的丈夫都是警方调查的主要对象，这起案件也不例外。

警方将罗伯带回警局进行问话，在问话之前，警方又让罗伯通知了伊莎，并在不透露案情的情况下让伊莎尽快赶到警局配合调查。罗伯按照警方的要求做了。伊莎赶到后，警方将她带到另一个问询室进行问话。在问话的时候，警方着重询问了罗伯和安娜之间是否存在感情问题。等伊莎给出详细答案之后，警方才对她说了安娜已经遇害的消息。

拿到伊莎的证词之后，警方大致判断出罗伯与这起案件之间是没有关联的，但作为受害人的丈夫，警方还是需要继续问话，他们希望从罗伯口中得到可以推动案情进展的线索。尽管这场问话持续了将近 4 个小时，但警方依旧毫无收获。此外，取证人员也没有从案发现场内采集到任何指纹信息，虽然可以确定凶器就是那个被丢弃在花园里的花盆，但因为花盆的材质，警方很难从上面采集到任何指纹。取证人员还重点检查了受害人的手提包，但凶手依旧没有在上面留下任何证据。至此，侦破工作开始陷入困境。

第二天，这起惨案震惊了整个社区，人们都很担心自身的安危。又因为受害人是独居妇女，凶手似乎是随机杀人，而且没有明显的作案动机，这让当地居民深感恐惧。在当地，男人们大多在外面工作，所以生活在这里的妇女基本都独居在家。如果凶手还会作案，那他可以很轻易地找到下一个加害目标。

事实上，早在三个月之前，小岛上的另一个邻近社区内就发生过一起类似的命案。案发时，受害人珍奈 · 库金斯基正在自行车道上散步，凶手突然从车道外侧的树林中冲出来将珍奈扑倒在地，并将其残忍杀害。警方很清楚，如果能够证明这两起凶案之间是有联系的，那就意味着小岛上正活动着一个连环杀手。为了防止新的命案再次发生，警方一边尽力增派巡逻警力，一边呼吁公众，让大家小心门户，千万不要给陌生人开门。

此后数周，小岛上没有再发生新的案件，但小岛附近却接连发生了两起恐怖的案件，这两起案件的发生惊动了整个魁北克省的警察。在距离蒙特利尔市只有不到一个小时车程的宁静社区内再次发生了一起骇人听闻的凶残命案。45 岁的莫尼 · 高卓是一名在职护士，和安娜一样，莫尼也是一个爱狗人士。10 月 29 日，在小岛凶杀案发生两周后，莫尼没有按时去医院上班。

因为担心莫尼的安全，医院的同事联系了莫尼的姐姐。当天晚上，莫尼的姐姐开车去莫尼家查看情况。等姐姐进屋之后，她看到了令人终生难忘的恐怖情景。莫尼在家中遇害，凶手的行凶手段极其残忍，就算是经验最为老到的警员都没见过如此残忍、暴虐的杀人手法。从溅射到墙壁上的血迹形态来看，凶手是在极短的时间内用最大的力量快速连续捅了受害人 50 余刀。案发现场内遍布血迹，整个现场如同修罗地狱。

警方在破案的同时开始思考，到底是什么原因让凶手如此仇恨受害人，他这样做的目的又是什么，仅仅是为了杀人吗？仔细检查过案发现场后，警方的疑惑更深了。尽管案发现场内异常血腥，但并没有外人闯入的痕迹，取证人员也没有采集到任何一枚外来指纹，没有找到凶手的凶器。在这起命案中，受害人屋内没有被翻动的痕迹，没有财物损失。最后，警方在受害人房屋前的门廊外找到了一个鞋印，因为这个鞋印上沾有受害人的鲜血，所以警方认为留下这个鞋印的人就是这起凶案的凶手。

顺着这个沾血的鞋印继续往前找，警方又发现了几滴呈线状排列的滴落状血迹。这种血迹形态出现在这种位置上，意味着这些鲜血很可能属于凶手。当凶手疯狂且不假思索地猛刺受害人的时候，他的双手也很容易被匕首划伤。当凶手逃离现场的时候，走动和奔跑的动作会让伤口处的血自然滴落在地面上，所以这些滴落状血迹极有可能是凶手的。很快，取证人员将采集好的样本送到了犯罪实验室里进行检验。经过检验，确认这些血滴来自身份不明的男性，受限于各种原因，警方无法仅凭借这几滴血迹就判断出凶手的真实身份。加上莫尼·高卓被害案和安娜·雅诺被害案之间没有十分明显的联系，所以这两起命案没有做并案处理。

三周之后，也就是 11 月 19 日，在蒙特利尔市郊区的另一个小镇内又发生了一起残忍的凶杀案。当天，55 岁的会计师泰瑞·莎利萨·夏南汉无故旷工，公司给泰瑞打了很多次电话，但电话一直没有接通。因为近期频繁发生命案，所以公司决定报警。

随后，公司派了一名同事随警方去泰瑞家查看情况。来到泰瑞家门前，警方发现在她的家门口堆放着三四份报纸，警方立即找到公寓管理人员打开了泰瑞家的房门。打开房门后，负责前来调查情况的警员大声呼喊着泰瑞的名字，但没有人回答，一行人只能去卧室查看情况。推开卧室的房门，警员一眼就看到了泰瑞的尸体。泰瑞的尸体侧躺在床上，鲜血已经将她身下的床单洇湿了。

警员立即通知总部，负责办案的警探迅速赶往案发现场，法医组随后赶到。经过初步尸检，法医发现受害人生前曾惨遭性侵，凶手还用钝器殴打过受害人，在满足了兽欲之后，凶手又疯狂地朝着受害人捅了 30 余刀，直至受害人死亡为止。

在侦办这起命案的时候，警方发现这起命案和发生在三周之前的莫尼·高卓遇害案十分相似，凶手的作案手法和案发现场的情况也几近相同，唯一不同的地方是，泰瑞的房间里有很明显的翻动痕迹。经仔细确认，警方发现泰瑞的银行卡和一些贵重珠宝被凶手带走了。在后续的调查工作中，警方又发现，在泰瑞遇害后，有人使用了她丢失的那张银行卡。泰瑞的这张卡有提款上限，金额大约在

1000 美元。持有泰瑞银行卡的人分两次将泰瑞银行卡内可以提取的金额全部取走。

警方从银行提取到了取款人取钱时的监视录像，但因为这个人在取钱的时候头上戴着兜帽，所以监控摄像头只拍到了一个模糊的侧面，仅凭借这个画面，警方暂时不能分辨出这个人的真实身份。随后，受害人安娜·雅诺的女儿伊莎发现母亲的银行账户也出现了取款现象，而取款的时间就在母亲遇害当天。伊莎急忙将这个消息转告警方，负责调查安娜·雅诺被害一案的警探也从银行那里拿到了监控录像带。这一次，监控拍到了取款者的正面，但取款者头上戴着兜帽，取钱的时候还一直低着头，所以警方还是无法凭借监控录像辨认出取款者的身份。

虽然警方不能从模糊的监控录像中推断出嫌犯的真实身份，但警方还是根据现有的线索判断出嫌犯的身高大约在 1.77 米，是一个白人，在第一次取钱的时候，这个人是蓄有胡须的。警方可以确定的是，这三名受害人都是独自在家的时候遇害，而且凶手还偷盗了其中两位受害人的财物。很明显，最近发生的这三起命案之间是有联系的。又因为在这三起命案中，凶手使用了近乎相同的作案模式，所以警方断定凶手是同一个人。

另外，警方还找到了凶手凌虐、殴打受害人的原因。警方认为，凶手应该是通过对受害人施加虐待来逼迫她们说出银行卡密码的，一旦受害人讲出密码，凶手就会痛下毒手，以近乎疯狂的手段将受害人杀死。因为受害人的房间内没有暴力入侵的痕迹，而凶手又非常善于隐藏自己的真面目，所以警方猜测凶手有可能就是利用一些特殊身份光明正大地进入受害人的房屋。比如，凶手可能会乔装打扮成上门服务的推销员或勤杂工，也可能伪装成警察或水电工，他还可以找一些借口来骗取受害人的信任，等进入房间后，再按计划杀死受害人。

12 月 14 日，在安娜 · 雅诺遇害八周后，一名陌生男子来到蒙特利尔市某社区，他选了一座地理位置比较偏僻的房子，走上前敲开了这户人家的房门。应门的是一位妇女，这名男子说他是一个会修剪花草、维修家具的杂工，他现在正在附近工作，所以他想问一下这位女士是否需要他帮忙。这位女士稍微考虑了一下，然后转头同待在房间内的丈夫商议，最后他们拒绝了这个陌生男人。

被拒绝后，这个陌生人很客气地离开了。随后，这个陌生男人又来到了玛丽 · 伊丽莎白 · 葛兰家门外。玛丽今年已经 50 岁了，她是一名画家，经常独自一人待在家中绘画。玛丽性格比较外向，在社区中也算小有名气。玛丽完全没有怀疑这个陌生男人的身份，她打开房门放对方进屋。等玛丽回过头走向室内的时候，这个刚刚还温雅有礼的男人突然急冲上前，将玛丽扑倒在地。

第二天早晨，玛丽家的女佣来到她家工作。女佣先按了按门铃，但屋内没有人回应，于是女佣用玛丽给她配的钥匙进了房间。女佣提着工具走过门廊，立即看到了一具倒在客厅里的尸体，玛丽 · 伊丽莎白 · 葛兰遇害了。女佣急忙拨通了报警电话，然后来到屋外等待警方赶到。警方赶到后，立即按步骤检查了案发现场和受害人的尸体。玛丽的尸体被弃置在客厅内，她遭遇过侵犯，头部遭钝物重击，身中数刀而亡。经过一番调查，警方发现这起命案和之前发生的几起命案的犯罪手法几乎一模一样，受害人都是独居妇女，在独自在家的时候遇害，案发现场内没有暴力入侵的痕迹，显然是受害人主动开门请凶手进屋的，随后受害人惨遭虐待、性侵，然后被残忍刺杀。

根据案发现场内血迹溅射的形状来看，凶手应该是从门廊处开始攻击的。受到攻击后，玛丽拼命挣扎，她数次从凶手手中挣脱，但没跑几步就会再次被凶手控制。最后，玛丽逃进客厅，并在这里丧命。杀死受害人之后，凶手又来到厨房，他打开水龙头将手上的血迹清洗干净，然后上楼将受害人的银行卡取走。警方仔细检查了案发现场，并在现场找到了一些模糊的鞋印，经过比对，警方发现这些鞋印和莫尼·高卓命案中发现的那个鞋印相同。

因为杀手曾在受害人的房屋内洗过手，而这又是之前从未出现过的情形，所以警方断定凶手现在已经开始麻痹大意起来，他很有可能会在这里留下更多的线索。经过仔细检查，警方果然在厨房外侧的木板上找到了一枚指纹，这枚指纹不属于受害人的家人，也不是女佣留下的，所以警方判断留下这枚指纹的人很可能就是作案凶手。找到这枚指纹后，警方立即采取行动，他们请专家将指纹提取出来，然后将相关信息输入指纹库中进行比对。最终，警方找到了相符的指纹，这枚出现在受害人家中的指纹属于 44 岁的威廉·菲福。

不过，因为这枚指纹上没有血迹，所以警方不能只凭借这枚指纹就断定威廉是凶手。虽然这枚指纹暂时不能证明威廉就是杀人凶手，但可以证明他去过受害人的房屋。要知道威廉和受害人之间是没有交集的，他为何会去受害人家？警方迫不及待地想要找到答案。

12 月 16 日，警方成立了专门负责调查威廉·菲福的专案组。在清查档案的时候，警方发现威廉早在 20 世纪 70 年代的时候就已经进过监狱，当时他犯的是非法闯入盗窃罪。出狱后，威廉开始当杂工。没过多久，威廉就成了一名很熟练的油漆工，而且掌握了装修房屋的技能。因为威廉在工作中表现优异，所以很多人都愿意请他上门做工。警方认为，威廉可能就是在当杂工的时候找到了可以轻松进入别人家的方法，他很可能就是想利用这个职业的方便之处来完成他制订的杀戮计划。

威廉已经结婚，且育有一子。调查显示，在日常生活中，威廉是一个很好相处的人。因为他的相貌非常和善，所以他在结婚前交了好几个女友。警方仔细调查了威廉的行踪后发现威廉近期就住在蒙特利尔市北边的一个小镇上，但他已经好几天没有出现了。此时，警方面临了一个问题，那就是他们是否要立刻抓捕威廉。警方要保证居民的安全，如果他们不能及时将消息公布出去，让居民们提高警惕，那凶手是否会继续作案？

最后检察官给警方设定了一个期限，要求警方在期限内将威廉带到警局，如果警方没有抓到威廉，就必须立即让相关消息见报。紧接着，警方从威廉前女友那里得到了一条线索。威廉的前女友告诉警方，威廉可能在安大略省郊外的母亲家，那儿距离蒙特利尔市大约有650公里。另外，警方还查到威廉有一辆蓝色福特漫游者汽车。当地警方立即将这些消息通知给安大略省警局，让安大略省的警察继续追查这条线索。

安大略省警局侦查督察吉姆·米勒奉命接手调查，吉姆的朋友克里尔·汉达是犯罪心理专家，在得知吉姆正在调查近期频繁发生的变态杀人案后，克里尔也跟了过去。经过调查，吉姆发现威廉的母亲住在乡间的一栋老式农舍里。找到确切地址后，吉姆和克里尔一同赶往目的地做调查。为了不打草惊蛇，吉姆和克里尔决定先监视农舍一段时间。在等待威廉露面的时候，吉姆使用望远镜仔细检查了这栋房子，他注意到房前的车道上停着两辆汽车，其中一辆汽车就是蓝色福特漫游者汽车。

没过多久，吉姆看到了威廉。威廉从房屋后面出来，在院门前待了一会儿，然后又回了房间。找到威廉后，吉姆立刻安排警员24小时不间断监视这间房屋。虽然此时警方还不能证明威廉就是杀人凶手，但警方可以确保他不会再有继续杀人的机会。警方只需要掌握确凿的证据，就能立即将威廉逮捕。

找到威廉后，警方才将相关信息逐步公开，并期望能够有目击证人出面指认威廉，即使没有人指认威廉，这些被公开的消息也一定能吓到威廉，这样威廉就很有可能会露出破绽。在各大媒体的报道下，威廉立刻成了四起命案的嫌犯。

12月21日，在威廉的消息被刊登到头版头条三天后，他做出了一件十分可疑的事情。威廉开着车在某小镇内到处乱晃，绕了很多圈后将车停靠在一家教堂前，然后他从车内拿出了一些东西，并悄悄把这些东西放在了教堂后面的一块空地上。因为威廉的举动很可疑，所以警方一直在抓拍他的动作，记录了威廉丢弃物品的全过程。等威廉离开后，监视他的警员立即来到空地上找到了威廉丢弃的东西。警方发现，威廉将三双慢跑鞋丢在了教堂用来募捐旧衣物的爱心回收箱前。

随即，这三双鞋被送到鉴识部门进行鉴定。此时，克里尔已经知道了整起案子的全部经过，经过研判，克里尔认为威廉是杀人凶手的可能性非常大。加上威廉偷偷丢弃了几双鞋子，他显然是想用这种方法来销毁物证，而这进一步证明了他就是杀人凶手。在有十足把握的情况下，克里尔建议吉姆尽快将威廉抓捕，因为他很有可能会寻机潜逃。吉姆决定听从克里尔的建议，他立即向上级申请逮捕威廉。

12 月 22 日，警方决定实施抓捕。当天，监视小组和多名警员尾随威廉来到加油站，警方等到威廉走出汽车的空空突然出现，顺利将他抓获。在被逮捕的过程中，威廉没有做任何反抗，他甚至还非常平静地反问吉姆，为何不干脆杀了他。威廉被带回警局，他将在这里接受蒙特利尔重案组办案侦探的侦讯。在接受侦讯的过程中，威廉表现得非常生气，他数次拔掉摄影机插头，不让警方拍摄侦讯画面。威廉的口气很嚣张，他让警方该怎么做就怎么做，他不会承认任何事情，但他要见律师。

为了让威廉放松警惕，警方允许他抽烟。威廉一边抽烟，一边用很嚣张的口气质问警方："我知道你们没有证据，没有证据你们就敢逮捕我？"因为威廉的态度很强硬，所以警方没能从侦讯中得到任何有用的线索。但警方拿走了威廉抽过的烟头，并从上面提取了威廉的 DNA 样本。与此同时，警方也在威廉的母亲家里找到了一件沾血的衣物。这些证据都被送到犯罪鉴识实验室内进行鉴定。

在犯罪鉴识实验室内，鉴定专家们正在紧锣密鼓地检验着警方送来的证物。首先，鉴识专家从警方送来的那三双慢跑鞋上找到了几滴受害人的鲜血。其中一双慢跑鞋的鞋印和死者家中留下的鞋印相符，威廉的那件血衣上沾的是受害人安娜的血。另外，凶手留在案发现场的血迹和威廉的 DNA 样本相符，警方还在威廉家找到了受害人泰瑞的戒指。最后，警方又在威廉的车内找到了一件血衣，这件血衣上的血迹和受害人玛丽的血迹相符。

现在，证据确凿。威廉 · 菲福就是警方一直追寻的杀人凶手。拿到铁证后，警方又开始追查过去 25 年来发生在蒙特利尔地区内的悬案。警方相信，威廉不可能只犯过这几起命案。在调查进行的时候，警方接到了一个举报电话，举报者名叫史卡 · 隆，他说他认识威廉，在 20 年前，他还和威廉一起打过曲棍球。打球后不久，史卡的母亲在家中遇害。史卡告诉警方，在母亲遇害前不久，威廉曾到他家帮忙粉刷墙壁。

史卡想知道自己母亲的死是否与威廉有关，警方接到举报电话后，立即展开相关调查。警方发现史卡的母亲海贝儿 · 隆是在 20

年前遇害的，当时侦办这起命案的警探从案发现场内获取到了凶手的 DNA 样本，但因为缺少比对对象，所以一直没能破案。警方立即将凶手的 DNA 与威廉的 DNA 样本进行比对，比对的结果显示，凶手就是威廉。

面对如山的铁证，威廉·菲福终于认罪，他向警方坦承自己犯过五起命案。因为威廉已经认罪，所以法庭很快做出了有罪判决，威廉·菲福被判终身监禁，且在 25 年内不得假释。虽然威廉向警方承认了五项谋杀指控，但他否认涉及珍奈·库金斯基一案。但随后，威廉又向警方承认了另外四项谋杀指控。

1979 年，威廉奸杀了 55 岁的苏珊·伯尼尔。仅仅过了一个月的时间，威廉又杀害了 26 岁的妮可·雷蒙。1987 年，威廉再度作案，他杀害了露易丝·博朗布泊，露易丝身中 17 刀，在家中惨死。1989 年，威廉又奸杀了 44 岁的宝琳·拉普兰。除了这几起命案，警方认为威廉还在 20 世纪 80 年代中期犯过多起暴力性侵案。

在准备犯案的时候，威廉会先将自己装扮成维修水管的工人，然后以房东让他来排查下水管道为借口敲开受害人的房门，等进屋后再对受害人实施侵犯。但是警方无法确定在这段时间内，威廉是否只犯过性侵罪而没有杀人。在坦承罪行的时候，威廉向警方详细描述了杀人过程，但他始终不愿提及作案动机。

【异常犯罪心理分析】

这是一起性质非常恶劣，作案过程极其残忍、暴虐的变态连环杀人案。仅从威廉·菲福制造的这一系列残暴命案就能看出他的心理异常程度很高。他在作案的时候十分谨慎，并且事先制订好了详细的作案计划，所以成功率很高，被他盯上的受害人几乎都无法逃脱。从这一点可以看出，凶手除了异常冷酷、暴虐，还是一个非常冷静、缜密的人。

正是因为凶手在作案的时候很小心，他才能在20多年间反复作案，并多次从警方手中逃脱。对一名连环杀手而言，不停地行凶杀人是他继续活在这个世间的原动力，但连环杀手的行凶作案过程并没有非常明显的规律。一般而言，连环杀手在作案的时候都会有一个间隔期，在这个期间内，他是不会行凶杀人的，但不同的连环杀手的作案间隔期并不相同，这主要是因为连环杀手内心深处的幻想世界不同，只有在连环杀手的内心世界中再次产生对杀戮的渴望后，他才会再次作案。

这也就解释了威廉为何会在1979年杀了两个受害人后突然消失，一直到1987年才再次行凶杀人。需要注意的是，这起发生在1987年的凶杀案是威廉首次使用极端疯狂的手法对待受害人。也就是说，在1987年的时候，威廉就表现出了可能会失控的情况，但这起谋杀案暂时满足了他内心深处的变态渴求，所以他才没有继续作案。

紧接着，威廉再次沉寂下来，一直到两年后，也就是1989年才又一次犯下凶杀案。最后，在1999年，威廉开始频繁作案，此时的威廉已经无法把控自己内心深处的变态欲望而彻底失控，所以他才会在作案的过程中做出疯狂捅刺受害人的行为。

另外，在1984年到1987年，威廉还犯下了多起性侵案。虽然在这一过程中，威廉没有杀人，他作案的目的也很明确，就是为了从受害人那里得到性满足。但从另一方面来讲，性暴力和杀人都能给他带来一种变态的快感，虽然程度不同，但效果相近。也就是说，威廉在犯下性侵案的时候，他内心深处的变态渴求得到了一定程度的缓解，这极有可能就是他那段时间没有犯下凶杀案的原因。只不过，当威廉内心深处的变态欲望越来越强，当威廉已经彻底被这种变态欲望操控之后，性暴力已经无法让他感到满足，他必须用极为疯狂变态的手法杀人才能感到满足。

第五章

邪恶的"黑寡妇"

彭萨科拉是佛罗里达州西北部的一座海滨城市，来到这座城市，你会沉醉在清爽的海风中，每当有闲暇的时候，你还可以在夕阳的余晖中踏着金黄松软的沙滩漫步。来过这里的人，永远不会忘记这里的美妙风光。也正是因为这里的自然风光十分美好，所以这座城市才成了游客们争相前往的旅游胜地。但是谁也想不到，就在这座风景秀丽的城市，一个容貌美丽的年轻女子正在寻找她中意的“猎物”，这个名为朱蒂·布宜诺艾尼尔的年轻女孩即将做出疯狂又残忍的变态恶行。

1981 年，朱蒂正值青春年华，此时的她拥有美丽的脸庞和火辣的身材。仅从外表来看，她绝对是大部分男人心目中完美的女伴。除了长得漂亮，朱蒂还开了一家美甲店，她的事业很成功，有一辆白色雪佛兰轿车。这样一个年轻貌美又多金的女孩一定是很多男人都愿意追求的对象，但这些拼命表现自己的男人并不知道朱蒂的邪恶本性，一旦他们被朱蒂看上眼，那迎接这些男人的只有死亡。

1981 年 2 月的一天晚上，朱蒂像往常一样去酒吧喝酒，她是这家酒吧的常客，只要有空，她就会来这里喝一杯。朱蒂身穿黑色洋装，用涂着红色指甲的纤纤玉手端着酒杯独自坐在吧台旁喝酒。仪态优雅的她早就成了男人关注的焦点，但她并没有搭理那些试图同她搭讪的男人，直到一个帅气高大的男人出现。这个男人名叫约翰·金里特，凭借着英俊的外表和健硕的身材，约翰总是轻易就能得到年轻女孩的芳心，这样一个纵横花丛的老手怎么可能会放过如此美貌的女孩呢？见到朱蒂之后，约翰借机搭讪，朱蒂似乎也对他感到满意，两个人聊得很愉快。

当天晚上，朱蒂还和约翰一起跳了一支舞，两个人都很开心。约翰回到家后还和他的朋友谈起朱蒂，他告诉朋友自己遇上了一个很令人着迷的女孩，这个女孩是他喜欢的类型，他很久都没有对某个女孩动过心了，既然这次上天将一个心仪的女孩送给自己，那他就打算花些工夫得到她。约翰告诉朋友，接下来的一段时间里，他会经常和朱蒂约会，所以他可能没有时间参加朋友们举办的派对了。

没有任何一个男人能够拒绝同朱蒂这样的女人交往，约翰也是如此。仅仅过了几个月，两个人就确立了恋爱关系并迅速同居了。在和朱蒂交往的日子里，约翰仿佛活在梦中，朱蒂会带他参加一些高级派对，带他乘坐游艇出海玩耍，每当需要付费的时候，朱蒂还会提前埋单。约翰无法拒绝朱蒂的好意，他觉得自己和朱蒂相处得很快乐，同时约翰也很享受朱蒂给他提供的一切便利。但是约翰可能并没有注意到，朱蒂已经在无形中将他完全控制住了。

每当两个人在一起的时候，朱蒂总是充当发号施令的决策者，而约翰一直都是服从命令的人。可能在交往的最初阶段，约翰也产生过不适感，但既然花钱的人是朱蒂，那约翰也就慢慢习惯了这种情形。时间长了，约翰习惯了这种生活，他似乎觉得自己听从朱蒂的号令是天经地义的事情，这也不是什么大不了的事情。

事实上，在约翰的心目中，朱蒂确实树立了一个很完美的形象，他是真心爱朱蒂，虽然朱蒂喜欢命令他，但他并不排斥这种感觉。

正因为如此，两个人的关系才如此亲密无间，至少在约翰的心目中，当下的一切都是顺利快乐且没有任何异常的完美生活。1983年6月，朱蒂对约翰讲了一个令人兴奋的消息，她怀孕了。刚听到这个消息的时候，约翰激动得说不出话来，他起身来到朱蒂身旁，深情地拥吻朱蒂，他希望用这种方式来表达自己内心深处的激动与喜悦。

约翰早就想成为一位父亲了，他只是没想到幸福会来得这么突然。等约翰的情绪稍稍平复之后，朱蒂提议当晚他们可以和朋友一起吃个饭，并借着这个机会向大家分享这个值得庆祝的好消息。对于朱蒂的这个提议，约翰自然表示赞同。朱蒂挑选了一家高档餐厅，并给约翰安排了任务。朱蒂要求约翰把车停在距离餐厅还有大约一个街区距离的停车场内，约翰对此没有异议。

当天晚上，约翰按照朱蒂的要求把车停在指定的停车场里，然后步行去参加派对。朱蒂和约翰分别叫来了彼此最要好的朋友，风趣幽默的朱蒂可以很好地活跃气氛，加上约翰公布的好消息，整个派对充满了欢乐的喜庆气氛，大家都很开心。在派对进行期间，朱蒂还准备了一份礼物，并按照当时的风俗习惯将这份礼物送给了她的一个女性朋友。

在派对结束之前，朱蒂找到约翰，她希望约翰可以去买一瓶香槟，而她留在餐厅陪着其他朋友，等派对结束的时候，大家可以开香槟庆祝一下。朱蒂说完就拿出钱包给约翰拿了钱，让他赶紧去办。朱蒂的要求很合情理，约翰非常开心地接受了，他接过钱后和朋友们告别，准备去外面购买香槟。

约翰步行到之前停车的停车场，他打开车门像往常一样坐上汽车，将汽车发动之后，又按开了车灯开关。就在此时，只听“砰”的一声，炙热的火焰和冲击波从后备厢内席卷而出，整辆车高高弹起然后又重重落下。随后，整个停车场内就只剩下烈火熊熊燃烧时发出的呼呼风声。汽车发出的爆炸声非常响，就连几个街区外的窗户都震动了。但幸运的是，约翰并没有立即被冲击波击昏过去，他挣扎着逃到车外，然后才躺在地上昏死过去。

爆炸声传出之后，朱蒂就和参加派对的朋友们冲了出来，等她们赶到停车场的时候，约翰才刚昏过去不久。朱蒂一边大声呼喊着约翰的名字，一边向周围人求救，她扑在约翰身上，想要查看约翰是否还活着，但她似乎受到了某种打击，转瞬间就昏倒在地。随后，两个人被送到医院接受救治。两个小时后，朱蒂拨通了约翰亲友的电话。约翰的哥哥并不知道约翰到底伤得有多重，直到他赶到加护病房后，他才意识到约翰有可能躲不过这一劫了。医生也不看好约翰的状态，除重度烧伤外，约翰的内脏被冲击波震伤，很多破碎的铁片还刺到了约翰背部的肌肉里，有一枚铁片甚至击穿了约翰的颅骨，只差一点就要击中约翰的大脑。

约翰在加护病房里苦苦挣扎，直到三天后，约翰的情况才稳定下来，暂时从死神手中逃脱出来。约翰的家人松了一口气，他们为约翰感到庆幸，大家都觉得约翰能从这次意外中活下来，真是一件很幸运的事情。但警方并不是特别乐观，在爆炸发生后，警方就赶到了事发现场，在检查爆炸车辆的时候，警方在汽车后座后方发现了两卷已经引爆过的炸药，这两卷炸药的引线被连接到汽车尾灯上，只要尾灯通电，炸药就会立即被引爆。

幸运的是，这辆车的车顶是可开式的，因此爆炸的冲击波可以顺着车顶向外释放，约翰承受的冲击波就小了很多。当然，如果不是车座上有一个头枕，而这个头枕又在爆炸发生的一瞬间帮约翰挡住了大部分伤害，那约翰可能已经遇害了。如果不是约翰侥幸活了下来，那么没有人会料到朱蒂竟然是杀害约翰的凶手，而世人也即将发现，还有很多男人都曾被朱蒂猎杀过。

泰德·钱布兰警探负责这次调查，调查工作开启后，泰德一边整理手中已掌握的资料，一边等待约翰恢复意识。在约翰恢复意识并能与人沟通后，泰德立即赶到医院，对他进行了一次简明扼要的问话。在这次问话中，泰德问约翰是否购买过寿险，并向他询问了一些细节。泰德试图从对约翰的问话中找出嫌疑人，如果约翰曾经购买过额度很大的寿险，那行凶者的作案动机自然就呼之欲出了。

约翰告诉泰德，他曾和朱蒂一同购买过一份价值 5 万美元的人寿保险，但据约翰已知的信息，朱蒂曾和他一同注销了这份寿险。泰德立即做了相关调查，他发现在注销了这份寿险之后，朱蒂私下里给约翰购买过一份价值 50 万美元的人寿保险，而约翰则毫不知情。泰德仔细询问了保险公司，保险公司告诉他，这份寿险确实是朱蒂办的，她也一直都在续缴保费，也就是说，这份保险在约翰被炸弹炸伤的那段日子里依旧是生效的。

因为约翰并不知情，所以泰德有了一个大胆的想法，他怀疑朱蒂可能是制造这起爆炸案的凶手，她想杀死约翰骗取保险金。为了证实自己的推测，泰德又向约翰询问了一些情况，他想知道在近段时间内，约翰是否还住过院。约翰告诉泰德，早在几个月前，他因突发胃痛而住院，当时医生说他患上了胃痉挛，但找不到诱发这种疾病的原因。数天后，约翰的情况好转，他也就没有将这件事放在心上。

在谈话的时候，约翰突然想到了一件事情，他告诉泰德，朱蒂经常给他吃维生素 C，他原本是不吃这种药的，但朱蒂说这种药对身体好，强烈要求约翰也试一试。自从用了这种药之后，约翰发现自己的身体经常会出现一些状况，他经常感到恶心，但去医院检查身体，医生们始终不能查明原因。后来，约翰因为身体实在不舒服就拒绝服用朱蒂提供的药物，此后他的身体情况就慢慢好了起来。但因为约翰和朱蒂之间的感情很深，所以约翰没有怀疑过朱蒂。

泰德认为，朱蒂给约翰服用的药物可能就是导致他身体出现问题的关键，只要约翰一直服用这种药，他很可能会莫名其妙地死在家中。但约翰停止服用这种药物，所以朱蒂才开始策划第二种谋杀方案，设法让约翰的汽车爆炸。但是泰德需要证据证明他的怀疑。泰德问约翰是否还保存着朱蒂给他的维生素 C，约翰告诉泰德，他把那些没有吃完的药放在了一个行李箱内。泰德立即找到了那个行李箱，并从中拿到了那种特殊的维生素 C。泰德准备将这些药物送到犯罪鉴识实验室进行分析，从医院离开的时候，他刚好遇上了前来探视的朱蒂。

朱蒂身穿一件雪纺纱衬衫，化着淡妆，脚上蹬着一双高跟鞋，显得非常青春靓丽。泰德和朱蒂做了简短的交谈，他询问了一些情况，但朱蒂似乎非常反感和警方交谈，她用一种很嘲讽的语气反问泰德，说自己每年的纯收入都有 50 多万美元，怎么可能会为了这点钱想要杀约翰。泰德没有留意朱蒂的口吻，他只是清楚地记得朱蒂提到了 50 万美元，虽然没有什么证据，朱蒂的说法也可能只是随口一说，但泰德认为这过于巧合，这似乎和朱蒂潜意识里的一些东西不谋而合。

泰德没有和朱蒂做更多的纠缠，因为他知道朱蒂绝不会向他透露任何有价值的线索。泰德现在需要做的是尽快将他手中拿到的胶囊送到犯罪鉴识实验室进行检验。经过仔细核验，详细的检测结果终于出炉，那些喂给约翰的胶囊确实被动了手脚，胶囊内放的是一种毒药。如果约翰长期服用这种药物，那他的肝脏和肾脏就会慢慢衰竭并因此丧命。拿到这条证据后，警方也就有理由申请搜查令了。

警方在朱蒂家中的一个抽屉内搜到了一捆和约翰车里的炸药上绑的完全相同的电线，还在朱蒂的美甲店内找到了一瓶放在胶囊中的毒药。这两项物证足以让警方申请逮捕令，随即警方以汽车爆炸事件为由将朱蒂逮捕。在被逮捕的整个过程中，朱蒂异常愤怒，她指责警方是在滥施刑罚。警方不理会朱蒂的指责，他们只是按流程办案，但警方准备的审讯工作还没展开，朱蒂就被她的一位朋友保释了。虽然泰德十分恼火，但他也没有更好的办法，只能眼睁睁地看着朱蒂大摇大摆地走出警察局。

之后，朱蒂继续享受生活，就好像什么事情都没有发生过一样。和朱蒂相关的指控可能会就此终结，但泰德不愿轻易放弃，他开始在辖区内探寻线索，他发现有一位名叫南希的同事和朱蒂有私交。

南希曾在一位朋友的介绍下与朱蒂结识，相识后，南希觉得朱蒂是一个很爱展现自己的女人，她总是向南希展示她的名贵珠宝和名牌服饰。朱蒂还喜欢在聚会的时候请大家喝香槟，从她的情况来看，她的美甲店似乎根本不足以支撑如此庞大的消费。在一次偶然的谈话中，朱蒂说她曾经是一名法医。朱蒂的话让南希很疑惑，南希立即追问了一些关键问题，并表示她也从事警务工作，而且还是一位负责处理犯罪现场的警官。

南希讲完之后，朱蒂回避了这个话题，她开始找其他事情闲聊，以便掩饰谎言被戳破的尴尬气氛。从南希那里得到一些线索后，泰德继续深挖相关信息，他相信朱蒂一定隐藏着某些秘密。在调查的时候，泰德注意到朱蒂·布宜诺艾尼尔或许跟了前夫的姓氏，布宜诺艾尼尔是西班牙语，翻译成英文后是固德易尔。泰德立即调查了所有名字中含有固德易尔的人，最后他锁定了一个名叫詹姆斯·固德易尔的人。詹姆斯·固德易尔是朱蒂的前夫，且这个人早已离奇身亡。

朱蒂是否谋杀了詹姆斯，其中又有什么样的秘密，泰德准备一探究竟。原来，在1961年5月，朱蒂就和詹姆斯相识了，詹姆斯是一位出色的军官，这让泰德有些疑惑，他不清楚朱蒂为何会锁定一个受过专门训练的军官，她难道就不怕事情败露吗？泰德发现朱蒂和詹姆斯相识不久后就结了婚，没过多久詹姆斯就出国执行任务了，这一去就是两年。在这两年里，朱蒂只能独自待在空荡荡的家里，但像她这样的女人显然不可能独处太久。

在詹姆斯执行任务的时候，朱蒂出轨了，她和一个名叫鲍比·乔·莫里斯的男人混在了一起。从某种意义上讲，鲍比其实是一个好人，至少他对朱蒂的感情是真实的，但对朱蒂而言，鲍比只不过是一个可以让她开心的玩具。时间长了，朱蒂也就不愿再与詹姆斯虚与委蛇，她准备除掉詹姆斯，以便迎接新的生活。

当詹姆斯结束任务回到家后，朱蒂张开双臂开心地迎接了他，这让詹姆斯很开心。詹姆斯很喜欢喝咖啡，所以朱蒂在詹姆斯回家当天就在咖啡里下了毒。詹姆斯喝了咖啡后立即中毒倒地，而朱蒂就站在客厅外静静地听着詹姆斯疯狂挣扎时发出的痛苦呻吟声。最后，在詹姆斯马上就要死亡的时候，朱蒂才拨通了急救电话，虽然急救人员做了万全准备，但詹姆斯还是中毒身亡了。因为朱蒂设计得很巧妙，所以当时负责办案的警探误认为詹姆斯是服毒自杀，因此朱蒂才成功逃脱。

詹姆斯一死，朱蒂就从人寿保险和军队福利中拿到了62000美元，她也由此一跃成为一个颇有家产的富婆。朱蒂的首任丈夫过世后，朱蒂就锁定了第二名受害人，这个人就是鲍比。朱蒂总是有能力让接近她的男人都很相信她。因为十分相信朱蒂，所以鲍比在朱蒂的安排下购买了一份保额为 8 万美元的人寿保险，而且受益人是朱蒂。

鲍比很喜欢喝水果鸡尾酒，朱蒂就在他常喝的酒中加了毒药。鲍比喝过酒后立刻毒发，朱蒂就站在他的身边安慰他，在安慰鲍比的时候,朱蒂又喂了鲍比一些毒酒。一直等到鲍比出现幻觉之后，朱蒂才拨通了急救电话。在医院里，鲍比暂时脱离了危险，而朱蒂则以女友的身份继续照顾他。在照顾鲍比的时候，朱蒂偷偷在鲍比饮用的水中加入毒药，并亲自扶起鲍比让他将加了毒药的饮料喝下去。最终，鲍比因器官衰竭而死在了医院里。受限于当时的医疗条件，医生无法解释鲍比的死因，朱蒂则坚称鲍比是死于酗酒。因为受害人是在医院去世，所以警方没有做进一步调查。就这样，这个心灵扭曲的连环杀手再次从法网中逃脱。这一次，朱蒂又拿到了 8 万美元，但这些钱并不能让她获得满足，朱蒂内心深处的贪欲越来越强了。

调查工作进行到这里，泰德已经意识到事情的严重性，他知道自己面对的是一名连环杀手，为了能够将事情的始末调查清楚，又不惊动这个变态杀手，泰德决定向 FBI 求助。FBI 立即调派了犯罪心理专家协助泰德侦办这起连环杀人案，并着手调查朱蒂的人生经历。经调查发现，朱蒂本名叫师朱达思 · 安娜 · 沃提，于 1943 年 4 月 4 日在得州某小镇出生。

在朱蒂两岁的时候，她的母亲死于肺结核。随后朱蒂就被送去与祖父母一同生活。朱蒂 12 岁的时候，才再次回到家中与父亲和继母一同生活。朱蒂的童年生活并不是很好，她曾被家人虐待，如果朱蒂不听话，那她就没有饭吃。另外，朱蒂的父亲还会用香烟烫朱蒂，这彻底改变了她对整个世界的看法。也就是从这个时候起，在朱蒂的眼中，这个世界是极度不安全的，因为从小缺失母爱，所以朱蒂从来都不会爱别人。在一次吃晚餐的时候，14 岁的朱蒂彻底失控，她冲进厨房抓起一个装着热油的盘子丢向弟弟。在被父亲和继母阻止后，朱蒂又拿起一根棍子痛殴她的父亲和继母，当时的场面十分暴力。因为朱蒂的行为很残暴，所以她被送到了少年管教所。朱蒂在少年管教所内待了两年，等她出来的时候，已经 16 岁了。

从少管所出来后，朱蒂拒绝回家。她在 17 岁的时候怀孕了，虽然还不想当母亲，但她还是生下了一个男孩，并给这个孩子取名“麦可”。至于麦可的父亲是谁，可能连朱蒂自己都不是很清楚，因此朱蒂对麦可的出生有极大的恨意。麦可的智商不是很高，他的行为举止也慢吞吞的，但他很幽默。麦可的这个优点在朱蒂眼中什么也算不上，她经常冲着麦可大吼大叫，虽然朱蒂没打过麦可，但只要她想招待朋友，她都会先一步将麦可送到其他地方，以防麦可给她丢脸。

麦可在家里没有一点地位，只能睡在地下室，就连吃饭也不能上桌同家人一起。但是麦可在这种环境下顽强地生存了下来。在麦可 18 岁的时候，朱蒂鼓励他去从军，其实朱蒂这样做的原因是她不想看到麦可。对麦可而言，从军绝对是一个很好的选择，因为他也不必在这个压抑的家庭中继续艰难求存。他终于从朱蒂身边脱离出去，而这似乎可以改写他的命运。

在从军的间歇期，麦可会回家休息几天，但每次在家里住的时候，麦可的身体就会出现状况，仅仅过了数周时间，麦可的身体就不行了，他被送到医院接受治疗。在调查这段情况的时候，FBI 犯罪心理专家检查了麦可的就医记录，他们发现麦可表现出来的症状和之后几名受害人遇害前表现出来的症状几乎完全相同。这种情况让犯罪心理专家大吃一惊，他们无论如何也想不到，朱蒂竟然会对自己的亲生儿子下毒手。麦可在某医学中心接受治疗，但他的情况很糟糕。在医院住了数天之后，麦可的下肢开始失去知觉，最后医院给麦可配了金属支架，在金属支架的帮助下，麦可才能下地行走。

朱蒂为什么要对自己的亲生儿子下手？犯罪心理专家对这一点很感兴趣，泰德认为朱蒂可能还是为了钱。在检查了麦可的人寿购买记录后，他们终于确定了朱蒂对麦可行凶的动机。原来朱蒂早就给麦可买了一份保险，而且这份保险价值 10 万美元。朱蒂首次谋杀并没有成功，麦可侥幸逃过一劫，但他并不知道下毒手的人就是他的母亲。后来麦可因为身体原因而不得不退出军队，回到家中静养，但他还需要朱蒂帮忙照顾。

朱蒂或许可以忍受谋杀失败，但失败后还要继续照顾麦可的饮食起居，可能就超出了朱蒂的承受极限，她准备再次对自己的亲生儿子下手。在麦可回家后的第二天，朱蒂就带着不能自由行动的麦可外出游玩。朱蒂把麦可带到湖边，说要和麦可一起泛舟湖上，一边看风景一边钓鱼。因为麦可双腿上装有支架，所以他不能直接坐到独木舟内，朱蒂就很“贴心”地在独木舟上放了一把比较高的椅子，并亲自将麦可扶到椅子上坐下。朱蒂则坐在麦可身后，坐上独木舟后，朱蒂又让麦可划船，要知道就算是直接坐在独木舟内划船，不熟练的人都有可能会把船弄翻，更何况麦可还要坐在高出船体很多的椅子上。

朱蒂很小心地划着船，她和麦可一起去了湖中心，然后独木舟就翻了，朱蒂独自逃到岸上并拨打了报警电话。警方赶到后，朱蒂的一番巧言善辩让警方误认为这只是一件意外事故。最后，警方在湖中找到了麦可的尸体。当时负责处理这起案件的警探相信了朱蒂的说法，这起案子根本没有调查就匆匆结案了。现在 FBI 犯罪心理专家和泰德警探准备重启这起案子的调查工作，他们先用高科技重新模拟了麦可溺毙的现场。

因为事发湖泊是有活水流入的，朱蒂说独木舟翻覆的地点就在河流入湖的地方，如果真的是在这里翻船，那水流就会将东西冲到两侧湖岸边，但犯罪心理专家发现，当时警方拍摄的现场照片内，所有的东西都在侧翻的船旁，这显然和朱蒂描述的情况不符。犯罪心理专家认为麦可可能是被朱蒂推下水的，而朱蒂则在看着麦可沉下去之后才刻意伪造了犯罪现场，并试图用这种方法迷惑警方。

麦可死后，朱蒂拿到了10万美元，在接下来的数年中，朱蒂就靠着这笔钱继续过着她想要的生活。现在，犯罪心理专家和泰德警探已经拿到了一些证据，但这些证据并不能证明朱蒂还犯过其他谋杀案。最后，犯罪心理专家和泰德警探决定开棺验尸，警方先将詹姆斯的尸体挖出来，然后把他的头发和指甲送到犯罪实验室内进行化验。化验结果显示，詹姆斯体内确实含有致命毒素。紧接着，鲍比的尸体也被进行了检测，警方同样从他的指甲和头发中发现了大量致命毒素。现在警方掌握了确凿证据，在这些证据和人寿保险购买记录的佐证下，警方将朱蒂逮捕归案。

检方先后指控她谋杀亲生儿子麦可、谋杀未婚夫约翰·金特里未遂、谋杀首任丈夫詹姆斯·固德易尔，因为证据确凿，法庭判朱蒂·布宜诺艾尼尔有罪，判其死刑。因为朱蒂已经被判死刑，所以她并没有因谋杀鲍比·乔·莫里斯而再次被检方送到法庭受审。

【异常犯罪心理分析】

连环杀手中很少见到女性杀手，而朱蒂连续作案的主要原因是她想利用受害人的生命换取高额寿险赔偿，并用这些钱来维持她那奢侈的生活。仔细阅读完整篇文章之后，你会发现朱蒂的内心世界是极度丑恶的，在她的认知里完全没有爱，当然这可能和她从小就很缺爱有关。

在童年生活中，朱蒂总是面临着饥饿的危机。不让孩子吃饭是一种很危险的事情，因为孩子会产生一种很强的危机感，而这可能就是影响朱蒂的一个主要原因。在多年之后，朱蒂会在食物中下毒杀死受害人，很可能就是源于童年的这种经历，朱蒂想要通过用食物毒杀受害人的方式来夺回自己在童年被他人践踏的权利。另外，在朱蒂身上烫烟疤的行为也是逼迫朱蒂的心灵逐渐扭曲的一个主要原因。

在朱蒂14岁的时候，她有过一次严重的逆反行为，这意味着在童年时期，朱蒂一直都在压抑自己内心深处的怒气和挫折。她小的时候无法发泄，但长大变强壮之后，她决定不再继续忍耐下去，于是她开始报复家人。

对一个未成年人来说，缺少母亲或其他女性长辈的关爱是一件非常严重的事情，在这种环境下长大的孩子通常都不会对他人有很深刻的情感。也就是说，在朱蒂的心中，其他人是不具备被她爱的权利的，或者说，在朱蒂的内心，根本就没有爱这回事，其他人只不过是她用来达成目的的工具。不懂爱情的朱蒂自然不会因为喜欢而与某个男人生活在一起，她和男人待在一起完全是为了享受掌控男人、操控生活的感觉。但她的这种操控欲望并不是特别强，因为她另有目的，她只不过是在达成目的的过程中顺便享受一下操控其他人的感觉，尽管这种扭曲的操控欲是不正常的，但对一个极度冷血的人来讲，这种层面的负面能量也不见得有多厉害。

事实上，像朱蒂这样富有又青春靓丽的女强人绝对可以诱发绝大多数男人的征服欲，一旦她流露出愿意与男人接触的想法后，对方几乎都不会拒绝她，而且都会被她迷得神魂颠倒，任由她摆布。

除了扭曲的变态控制欲望，朱蒂还兼具了女性连环杀手特有的一种性格——冷静。女性连环杀手通常对一些特别紧张的状况都不会有太大的反应，相对于正常人而言，女性连环杀手显得更加冷静，她们可以很好地应对一些突发状况，并能凭借一些与生俱来的伪装让他人做出错误判断。朱蒂显然就是其中的佼佼者。此外，朱蒂还是病理性说谎者，从她口中说出的话一般都很难辨别真假，加上朱蒂的智商很高，即便是在说谎的时候出现一些逻辑漏洞，她也可以很巧妙地掩盖过去，所以说朱蒂其实还是一个很高明的诈骗者。

在弄清楚朱蒂的本性之外，我们就可以理解朱蒂是按照什么样的逻辑来选择猎物了。朱蒂之所以会锁定詹姆斯做首任丈夫，其实和詹姆斯拥有的财富有直接关系。詹姆斯有稳定又高薪的工作，而且性格好，年轻又帅气。这其实就是朱蒂挑选猎物的标准。另外，朱蒂出轨也是很正常的，因为她从未对任何男人动过情，她和詹姆斯结婚主要是因为詹姆斯暂时能够满足她的需要。当詹姆斯离开后，朱蒂的需求不能得到满足，所以她必定会找到另一个人来重新获取满足。在朱蒂的认知里，詹姆斯去国外执行任务的行为等同于抛弃了她，所以她会认为出轨这件事并不是她的错。这也是詹姆斯一回到家，朱蒂就在咖啡中下毒，将他杀死的主要原因。杀死詹姆斯后，朱蒂立刻获得了一大笔钱，对金钱的渴望使朱蒂以相似的手法继续作案。

至于麦可，他的出生就已经决定了他的人生将是一场悲剧。朱蒂一直都没有做好当母亲的准备，而且她还将自己童年受虐的经历投射到麦可身上。麦可本身就是一个心智不是很聪慧的孩子，朱蒂依旧对他下了毒手，由此可以看出，朱蒂的内心世界有多么残忍和恶毒。

可以说，病态其实已经不足以用来形容朱蒂的本质了，她的内心丑恶程度已经上升到了邪恶这一级别。在这些由朱蒂制造的杀戮中，她扮演的是狩猎者，而那些被她杀害的人则是她特意选中的猎物。

第六章

拳击家族枪杀案

20 世纪 80 年代后期，悉尼发生了一起手段残忍的谋杀案，这起谋杀案发生后，当地警方努力破案。在侦破凶杀案的过程中，警方发现这起凶杀案和一个没落的拳击手家庭有关。这个没落的拳击手家庭的主事人名叫赛斯 · 沃斯特，他有三个儿子，在他的训练下，这三个儿子都成了冠军级拳击手。但赛斯的训练手段非常残暴，甚至比职业拳击手进行的训练都要疯狂，而他也凭借着这些疯狂的训练来操控他的儿子们，直到他们完全丧失自我，成为他随意操控的工具。在他儿子的回忆里，被赛斯训练的那段日子是他们人生中最黑暗的一段时光。

当时，只要走进赛斯家后院的拳击场，你就能听到赛斯用歇斯底里的声音疯狂吼叫着，他命令在台上相互搏斗的孩子们拼命攻击对方，如果哪个孩子没有按他的话做，他就会严惩这个孩子，让这个孩子遭受言语和肢体上的双重打击。在这个家庭里，赛斯就是绝对的权威，没有人可以撼动他的地位，他下达的命令必须被不折不扣地完成，否则家人们就要承担来自赛斯的怒火。

赛斯的长子迪安 · 沃斯特就被赛斯操控着犯下了一起残忍的谋杀案。在被警方逮捕后，迪安曾这样描述他的父亲："我的父亲经常冲我们大声吼叫，有时候他脖子上的青筋会突然暴起，因为极度的愤怒，他的脸会变成紫色，他的嘴巴里甚至会涌出许多泡沫。总之他的形象非常恐怖，就像是从地狱里冲出来的魔鬼一样，请相信我，这种描述并没有任何夸张的成分，他就是这样的人。"在赛斯的逼迫下，迪安走上了犯罪的道路，而他的下半生也会因为这个罪行而始终无法得到安宁。

1988 年，在新南威尔士州的某个海岸，警方接到了一个报警电话，报警者说有一名驯马师在马场遇害。据目击者表示，案发时有两名枪手朝着受害人开了几枪，受害人当场中弹并倒在了血泊中。警方立案后，首先开始调查受害人的身份，因为受害人就是在自己的马场中遇害，所以他的身份很快被确定了下来。受害人名叫艾伦·霍尔，是一个品行卑劣的恶棍。在当地，艾伦恶名昭彰。警方检查了相关档案后发现艾伦曾被指控袭击同性恋者和非法交易毒品。另外，警方还从艾伦居住的社区得知，艾伦曾勾引了一个有夫之妇，并导致对方的家庭破裂。

在艾伦遇害前几个月，警方收到一封匿名信，在这封信里有人举报艾伦经常在野外非法使用步枪。像艾伦这样的人一般也不会有要好的朋友，而且因为涉嫌贩卖毒品，所以他也会成为其他毒贩子的袭击对象。艾伦遇害后，就有举报者表示艾伦生前曾在家中遭到抢劫，实施抢劫的人还在他的房子里开了几枪。1988 年 2 月，艾伦又遭遇了一次袭击，这一次，袭击者放火烧掉了他的房子。4 个月后，艾伦和女友克莉斯汀·沃特斯正在家中看电视，突然院子里的狗疯狂地叫了起来，艾伦起身出门查看情况，但房屋外面看起来一切正常，艾伦甩响了手中的牛鞭，大声喊了几句，狗停止了叫唤。艾伦以为事情已经结束准备转身回屋，就在他转身的一瞬间，连续三声枪响击碎了这个本该宁静的夜晚。艾伦身中三枪，仰天倒在了屋外靠近围栏的空地上，当场毙命。

案发4个小时后，警方来到了赛斯名下的卡罗拉庄园。在赛斯家做过一番调查后，警探发现赛斯、赛斯的妻子克莉斯汀·沃特斯以及克莉斯汀的情人艾伦·霍尔之间的关系很复杂，而这种复杂的关系预示着艾伦的死可能与这些人有关。警方经调查发现，克莉斯汀虽然是赛斯名义上的妻子，但两人之间的关系非常疏远，而且克莉斯汀曾多次向警方求助，说赛斯和其他家庭成员经常折磨她。但因为这种家庭事件比较难处理，而克莉斯汀又不能或不敢拿出证据，所以警方也没有做深入调查。

艾伦遇害后，克莉斯汀告诉警方，说是赛斯鼓励她和艾伦发展地下恋情，但等克莉斯汀按照赛斯的要求去做之后，赛斯又变得愤怒起来，他准备寻机报复艾伦。赛斯的大儿子迪安对三人之间的古怪关系也有他自己的看法，在迪安看来，父亲赛斯之所以一手主导这件事，完全是因为他想站在一边看戏。他故意让克莉斯汀和艾伦在一起，但有一个前提，那就是所有的事情必须按照他的意愿进行，比如只有在他允许的情况下，克莉斯汀才能和艾伦约会，如果他不允许，那两人就不能见面。但真实情况根本不是赛斯能够一手操控的，当他发现自己不能控制艾伦和克莉斯汀之后，怒火逐渐淹没了他的理智。在迪安看来，最让赛斯无法容忍的一点是克莉斯汀渐渐爱上了艾伦，而这触碰了赛斯的底线。

当然，这些都是迪安自己的看法。在警方看来，赛斯、艾伦和克莉斯汀之间的关系非常矛盾。赛斯有一个农场，他在农场里面养了很多狗和一些未驯服的马，艾伦是赛斯的驯马师，赛斯希望他能驯服这些马。艾伦接受了这份工作，但赛斯没有钱来支付薪水，为了能够让艾伦继续为他服务，赛斯决定将妻子当成报酬送给艾伦。弄清楚其中的关系后，负责办案的警探都惊呆了，他们从未想到竟然会有这种古怪离奇的事情发生，也想不到这种古怪离奇的事情竟然还是赛斯一手所致。谁能相信一个男人会把自己的妻子当成报酬送给其他男人呢？或许迪安说的那种可能是真的吧，但警方还是有些犹疑。

后来，克莉斯汀和艾伦之间产生了感情，或许是从艾伦身上感觉到了爱，也有可能是因为一些其他因素，克莉斯汀跟着艾伦一起离开马场私奔了。这种突然发生的情况让赛斯十分愤怒，这是他完全没有预料到的结果，所以他准备对艾伦实施报复。警方在处理这起案子的时候，恰好有一名 FBI 犯罪心理专家在悉尼同当地警方交流刑侦经验，因为这起案子中的内幕实在匪夷所思，所以 FBI 犯罪心理专家也参与了这次调查工作。

在详细了解了案发经过后，犯罪心理专家立刻有了判断，他告诉负责侦办这起案件的警探留意观察赛斯一家，凶手很可能就是这个家庭中的某个人。虽然从现在的情况来看，赛斯的嫌疑最大，但犯罪心理专家认为他可能不会亲自犯案。当然，如果想要做出更加全面的判断，犯罪心理专家还需要当地警方搜集更加详细的资料来参考。搜集各方面的资料本来就是警方办案必不可少的环节，所以当地警方开始着重搜集和赛斯一家有关的信息。

警方发现赛斯和他的儿子们（迪安、克洛伊、盖伦）被媒体合称为澳大利亚的拳击王狮，在很多人眼里，赛斯是一个行为古怪的英国人。20世纪70年代，赛斯离开了英国，远离了他所谓的充满钢筋和混凝土的世界，来到了澳大利亚，并在澳大利亚的丛林中养大了几个孩子。在赛斯看来，外人之所以觉得他是一个怪人主要是因为他从不抽烟，也不喝酒。但实际上，外人之所以有这种感觉，其实与赛斯的异常举动有关。比如，在面对一件普通事情的时候，正常人的做法大致都相似，也比较容易被其他人理解接受，但赛斯的做法偏偏与常人不同，所以人们才会觉得他是一个怪人。

警方仔细调查了赛斯的资料后发现赛斯曾经在英国最野蛮的监狱中服过刑，可能就是这段经历让他固执地认为他的孩子和狮子一样需要用武力和技巧来驯服。在和邻居吹牛的时候，赛斯总把他的这种看法挂在嘴边，而且赛斯表示，只要他使用的驯服方法是正确的，那他的孩子们就会乖乖地替他杀人。邻居们都以为赛斯在吹牛，所以从没有人把这些话当真，但现在看来，赛斯当时说的那些话很可能是出自内心深处的实话。除此之外，警方还发现在日常生活中，赛斯会时不时地突然发怒，而他的家人就会成为他的出气筒。

有些居住在赛斯家附近的邻居表示赛斯用来惩罚家人的手段很没有人性，尽管有他的妻子和女儿在场，但赛斯还是丝毫不会手下留情。是什么让赛斯变得如此残暴？在后续的调查工作中，警方找到了一些端倪。原来赛斯的童年很凄惨，他在英国北部的一个贫民窟里长大，他的父亲是一个经常打老婆的酒鬼，而他也经常被父亲殴打。在监狱里服刑的时候，赛斯和一名狱友发展成了同性恋，虽然这段关系在他出狱后就结束了，而且赛斯看起来也变得很正常，但他却威胁自己的孩子，不允许孩子们参与同性恋活动，更不能成为同性恋，否则他就会将孩子们杀死。

除了这些劣迹，赛斯还凭借着拳击运动员的身份参演过犯罪电影，他还会强迫孩子们跟他一起参加裸体露营，并且涉嫌谋杀他的第三任妻子。为了能够将他的孩子们全部培养成拳击冠军，不事生产的赛斯还强迫他的第五任妻子去当妓女，然后用妻子挣来的钱补贴家用。在和邻居或其他人闲聊的时候，赛斯还吹牛说他认识英国最臭名昭著的连环杀手，虽然没有人相信他说的是真话，但他说这些话的时候神情很肃穆，看起来就像是真的一样。在生活中，赛斯不允许孩子们晚上去外面上厕所，他要求孩子们必须在屋子中央的一个水桶中小便。

在迪安的记忆中，父亲的行为极度让人厌恶，他却无力反抗，只能默默承受并期望这场噩梦可以快一些过去。总而言之，在这个畸形的家庭里赛斯就是神，他会用极不人道的手段统治所有人。另外，赛斯从不会将他的真面目展露给外人，即便是在面对媒体的时候，赛斯也会事先排练好，让孩子们按照他设计好的话术来回答媒体提出的问题。赛斯还会故意做一些滑稽的动作或唱一些很搞笑的歌曲，试图用这样的方式来为自己掩护。事实上，在艾伦遇害之前，确实没有人真的怀疑过赛斯，即使他曾面临谋杀指控，也都被他巧妙地遮掩过去了。

等孩子们长大之后，赛斯在农舍里养了一大群狗和猫，他整天以逗弄这些宠物为乐，但他的家人却不堪其扰。这些猫狗会整天乱叫狂吠，还会追着农舍里散养的马乱跑。自从这些动物来了之后，农舍里外到处都是粪便，搞得整个居住环境里都充满了一股难闻的骚臭味。警方还发现一个问题，那就是当赛斯的这些孩子成年之后，他们依旧被赛斯掌控着，即使迪安已经 25 岁了，在没有得到赛斯准许的情况下，依然不敢搬出去开始新的生活。

据迪安回忆，在他 25 岁的时候，赛斯依旧可以随时随地殴打他。尽管他已经是澳大利亚有名的拳王了，但他还是会被身高只到他胸口的赛斯痛殴，因为迪安根本不敢做出任何反抗举动，从这一点就能看出赛斯对家人的掌控力度到底有多强。案发后，警方曾详细询问迪安，他们发现赛斯在控制儿子们的时候还会用一些小手段，比如他会着重培养迪安，经常在其他两个儿子面前表扬迪安，尽全力让迪安知道，他是三个孩子中最受宠的那一个。对迪安来说，赛斯虽然会控制他的一切，但赛斯似乎也是自己在这个世界上唯一的依靠。或者说，赛斯就是迪安的全部。为了能够让赛斯满意，迪安也尽心尽力地做好赛斯安排的一切，争取成为赛斯心目中最乖巧的孩子。

但迪安并不知道，日常表现并不会让赛斯感到满意，如果他想成为赛斯心目中最好的孩子，那他必须按照赛斯的安排杀掉他的母亲以及母亲的情人。据迪安回忆，他们兄弟三个只有在拳击场取得胜利后才会收获父亲的赞美，所以他们经常奋不顾身地在赛场上战斗，务必让赛斯感到满意，但这种看似完美的家庭在艾伦 · 霍尔来到农场后开始变得糟糕起来。虽然是赛斯主动要求妻子克莉斯汀和艾伦同居的，但当这件事发生后，赛斯又觉得克莉斯汀的行为让这个家庭蒙羞了，如果克莉斯汀和艾伦私奔的事情被外界知晓，那这个拳击家庭的市场价值就会迅速降低，而这是赛斯最不愿意看到的事情。

在接下来的几个月里，赛斯一直都在考虑该用什么手段来让克莉斯汀回家。据迪安回忆，在这几个月里，赛斯经常暴怒，他会在迪安和弟弟们练习拳击的时候突然冲上前去，冲着迪安或弟弟乱打一通。等情绪恢复稳定之后，赛斯又开始自言自语琢磨一些能够恐吓到艾伦的方法。接下来迪安就成了赛斯手中的工具，他在赛斯的授意下，连续多次恐吓艾伦，但艾伦似乎并不吃这一套。

恐吓未遂之后，赛斯又让迪安在农场后方的树林中挖了两个深坑，赛斯表示这两个坑就是艾伦和克莉斯汀的坟墓。一直到这个时候，迪安才察觉到了赛斯的真实想法，他尝试着阻止赛斯，试图说服赛斯换一种方法来解决问题。但一旦迪安岔开话头，赛斯就会疯狂地打骂他，并指责他是一个无胆的懦夫，是一个胆小鬼，是三个孩子中最没用的那一个。为了防止计划出现意外，赛斯还找到迪安的好朋友，25 岁的技工达蒙 · 库珀来帮他实施谋杀计划。

在赛斯软硬兼施之下，达蒙最终答应同迪安一同动手烧掉艾伦的房屋。1988 年 6 月的一个晚上，达蒙和迪安按照赛斯事先制订好的计划展开行动，当晚两个人携带枪支翻过艾伦家的栅栏，躲在路边的一个隐蔽的草丛中。他们在草丛中趴了没多久，狗叫声就惊到了待在屋子里的艾伦，他出门查看情况。因为天色很黑，所以艾伦没有看到藏在草丛中的迪安和达蒙，在外面站了一会儿之后，艾伦就转身回去了。

等艾伦转身离开后，达蒙突然站起来转身就往外走，迪安急忙站起身来拦住达蒙，他追问达蒙原因，达蒙告诉迪安说自己不想犯杀人罪。但迪安表示这是他父亲的命令，所以他不能离开，达蒙是自己的好朋友，所以应该在这个时候陪着自己。达蒙没有办法只能重新回到草丛里陪着迪安。这一次，迪安将一块石头丢到艾伦的房屋前，艾伦养的狗再次疯狂地大叫起来。随后艾伦出门查看情况，这一次他没有那么幸运。据迪安回忆，当时的光线很暗，因为距离远，迪安只能看到艾伦的身体轮廓，根本看不清他的面容。在艾伦转身准备回屋的时候，迪安将枪对准艾伦的身体，然后闭上眼扣动了扳机。这发子弹直接击中了艾伦，艾伦当场倒地，此时迪安也从地上跳起来，他看到艾伦倒地后，又朝着艾伦倒地的方向连续开了两枪，然后才转身向外逃去。就在迪安准备逃跑的时候，他听到达蒙也开了一枪，放过枪后两个人就逃走了。

虽然赛斯的命令是杀掉艾伦和克莉斯汀，但迪安不忍心杀死自己的母亲。这是迪安第一次违反赛斯的命令，他觉得开枪杀死自己的母亲这件事已经严重超过了他的心理承受范围，他不愿意这样做，所以他直接逃走了。在逃跑之前，迪安和达蒙还将取自其他地方的泥土撒在汽车内的地毯上，希望用这样的方法来掩饰他们的行踪。几个小时后，警方来到了赛斯的农场，但没有发现任何可疑的地方，随即他们又去了迪安的新家。

在凶案发生前几天，迪安获准搬出农场单独居住。杀人案发生后，迪安一个人躺在卧室里辗转难眠，他拼命想忘掉杀人这件事，但一闭上眼，艾伦的身影就会出现在他的面前。几个小时后，警方敲开了迪安家的门。迪安魂不守舍地回答了警方提出的问题，但就在他回答问题的时候，他突然看到了浴室的门还开着，里面放着他作案时穿的鞋子和沾有火药残留物的衣物。不过警方并没有进屋检查，他们只是让迪安跟他们回警察局做笔录，迪安照做了。案发后，达蒙并没有被警方盘问，他把作案凶器藏在了父母家后院的一个隐秘角落里，然后又寻机将其丢到了某条河内。

在警局内做完笔录后，迪安也回到家丢掉了作案时穿的鞋子和衣物。其实当晚警方在搜查赛斯房屋的时候，赛斯也差点儿露出破绽，当他允许警方进屋搜查的时候，他突然发现在客厅里的地板上有一枚废弃的弹壳，赛斯趁着警方去屋内检查的工夫，迅速捡起弹壳，然后塞到了嘴里，压在舌头下面。在同警方谈话的时候，赛斯口中一直含着这枚弹壳，因为赛斯的行动很迅速，所以警方并没有发现异常。

第二天，迪安见到赛斯后，赛斯疯狂地辱骂了他一顿。赛斯指责迪安，说他是一个办不好事情的废物，迪安不知道该怎样反驳赛斯，他觉得自己的灵魂都已经空了。最后，赛斯强调迪安务必杀死克莉斯汀，并且干掉达蒙。好在警方在犯罪心理专家的建议下把赛斯和迪安逮捕归案，虽然后来警方因为没有证据不得不将赛斯和迪安放掉，但这最起码阻止了后续的惨案继续发生。

迪安重获自由，但每当夜深的时候，迪安都会做噩梦，他的良心受到了谴责。后来迪安实在不堪忍受，为了排解心中的苦闷，迪安向当地的一名牧师讲了他心中积压着的心事。在牧师面前，迪安敞开了心扉，把整个谋杀的过程原原本本地讲了出来。在牧师的建议下，迪安有过向警方自首的念头，但他又不敢真的去自首。虽然他很清楚，如果自己不这样做，那他在今后的日子中依旧不能得到安宁，但他还是有些犹豫。

为了能够寻得安慰，迪安搬到了墨尔本，在这里他交了一个女朋友，但他又被卷入了毒品交易的旋涡之中。其实在审问迪安和赛斯的时候，犯罪心理专家就建议当地警方尝试着从迪安身上打开突破口，但警方认为赛斯才是这一切的主谋，而迪安涉案的可能性比较小，所以并没有着重审问迪安。也正是因为这一点，迪安和赛斯才能逃脱法网。一直到五年后，负责这起案件的警探意识到迪安内心深处的负罪感可能是破获这起凶案的关键，此时迪安已经重新回到故居，他还当了父亲。或许是成为父亲的责任让迪安变得更加成熟了，也可能是这些年的经历让他豁然省悟，迪安决定向警方坦白。在牧师的帮助下，迪安认识了当地的律师曼·康迪希思，经过一系列司法程序后，曼终于获准同负责侦办这起枪杀案的警探面谈。

第二天，迪安就在曼的办公室将事情的始末原原本本地讲了出来。迪安认罪后，他的朋友达蒙也向警方自首。随后，赛斯被警方逮捕归案。但被警方逮捕时，赛斯的态度十分傲慢，他拒绝与警方合作，且不承认任何罪名。最先受审的是达蒙，因为他主动认罪，所以他的罪名可以放宽到过失杀人罪上，但即便如此，达蒙也要被判刑 12 年。

赛斯被警方逮捕后，没过多久就因心脏病病发而死。迪安接受审讯的时候，三名心理学家出庭作证，他们认为迪安在杀死艾伦后，内心一直饱受煎熬，所以他的精神状态非常不好，已经有患上精神疾病的可能。曼向法庭请求，给迪安进行过失杀人辩护，因为迪安并非出于自愿行凶。但检方坚持控告迪安谋杀，最后迪安在法庭上讲述了他那悲惨的童年经历。陪审团成员在得知事情的始末之后，都对迪安非常同情。

最后法庭当庭做出无罪宣判，法官认为迪安是过失杀人，迪安被无罪释放。判决下来之后，法庭内一片哗然，人们都不明白为何迪安可以无罪释放，但达蒙要在监狱中赎罪。其实陪审团之所以会做出这种判决和迪安讲述的悲惨童年生活的经历有直接关系，加上心理学家证明迪安这些年一直饱受折磨，而他也在悔过，所以陪审团认为他是过失杀人。事实上，尽管迪安没有被关进监狱，但他依然没有摆脱自己良心上的谴责。迪安想过自杀，但他的孩子还需要他去抚养，最后迪安在教会的帮助下成了一名技工，恢复了正常的生活。

【异常犯罪心理分析】

这是一起枪杀命案，虽然从表面上看，这起案子比较普通，但事实上这起命案可以说是非常异常的。为什么要用“异常”来形容这起案件呢？这主要与行凶者、受害人以及主谋之间的复杂关系有关。通读全文之后，不难看出导致这起枪杀案的真实原因是赛斯的变态心理。如果从心理是否健康这个方面来评价赛斯的话，赛斯的心理异常程度也比较高，他唆使自己的儿子帮他除掉自己想要杀死的受害人。

现在我们来分析一下赛斯的心理异常情况。一方面，赛斯是一个很残暴的人，他的残暴程度虽然不是极高的，但也远远超出了正常人的想象，这从他疯狂虐待自己的亲生儿子上就能看出来。除暴虐外，赛斯还是冷血无情的一个人，他甚至连一点仁慈之心都没有，从这一点来看，赛斯根本不具备正常人的感情，这也是他为何会下令让迪安杀死克莉斯汀的主要原因。另一方面，赛斯表现出来的残暴、专横跋扈的野蛮行为，恰恰反映了他的内心是非常脆弱的。他的脆弱让他不敢亲自行凶，因为欠缺行凶的勇气，赛斯才会拼命训练他的三个儿子，并试图将这三个孩子变成他手中的屠刀。

至于赛斯为什么会变成这个样子其实和赛斯的童年生活有关。赛斯从小就被父亲虐待，所以他才会用相似的手段对待他的儿子们，而他在监狱中同狱友之间产生的不正常关系进一步扭曲了他的内心世界。而这段不正常的关系还影响了赛斯对女人的看法，在赛斯的心目中，女人的地位是比较低的，所以他才会不尊重女性，才会逼迫克莉斯汀出卖身体。当然也正是赛斯的这种行为，才让他的婚姻连续失败，而婚姻的失败又反过来加重了他的错误认知，并最终使其出现了将克莉斯汀推给其他男人的行为。

赛斯可能还会对那些感情丰富的人嗤之以鼻，但实际上这正是缘于他不能得到那些常人都能得到的情感，因为他得不到，所以他也不想其他人可以拥有这种情感，而他的孩子们就是他贯彻自己心中某些想法的第一个目标。从赛斯操控家人和逼迫孩子训练的行为来看，赛斯具有非常强烈的控制欲望。我们知道，对一个心理变态的人来讲，超强的控制欲会成为诱导他走上犯罪道路的主要原因。因为生活中的很多事情都是人们不能掌控的，一旦有事物脱离了赛斯的掌控，那赛斯一定会萌生出更加扭曲的邪恶心理，比如杀掉导致这种情况出现的人。

对于实施这场枪杀案的迪安和达蒙而言，他们其实只能算是赛斯手中的工具。迪安从一出生开始就被训练成一名“忠诚的士兵”，所以他会不折不扣地完成赛斯下达的命令，而达蒙则因为意志过于薄弱，又不懂得拒绝，才会被赛斯选中成为杀人工具。总而言之，这起枪杀案几乎是赛斯一手所致，他才是推动整件事情的幕后黑手，所以谋杀罪的绝大多数刑罚都应该由他来承担。当然，无论如何，只要犯下罪行，人们就必须为自己的罪行赎罪。即使没有被关进监狱，迪安也承受了来自心灵世界的高压，为自己曾经做过的恶行忏悔。

第七章

阴谋杀妻案

1997 年 11 月，乔伊 · 戴尔 · 德罗溜进了希拉 · 贝尔鲁什在佛罗里达州的家中。希拉当时 35 岁，是六个孩子的母亲。乔伊溜进房间后，直接冲到希拉的面前，然后用枪击中了希拉，希拉中弹倒地。乔伊依旧不愿罢休，他又用锋利的匕首划破希拉的咽喉，亲眼看着希拉走向死亡。

乔伊被警方逮捕后，说出了自己作案时的想法。乔伊告诉警方，说他也没有意识到自己做了什么，虽然他很清楚自己正在做一件违法的事情，但他的内心是麻木的，所以在作案的时候，他没有丝毫的怜悯。后来，乔伊接受媒体采访时表示在作案之前他的心中也有过挣扎，他曾向上帝祈求，希望上帝能够在他作案之前杀掉他，但上帝没有这样做。乔伊对自己的犯罪事实供认不讳，法庭判其无期徒刑。

虽然杀人凶手已经服法，但警方在处理这起杀人案的时候，意识到乔伊可能不是这起杀人案的主谋。因为乔伊是得克萨斯州人，他只有 21 岁，在作案前和受害人没有交集，虽然乔伊用很残忍的方法杀死了受害人，但为何要跋涉数千公里来到佛罗里达州犯下杀人案呢？随着调查工作的不断深入，警方发现乔伊只不过是一个残忍的复仇计划中的一个小环节，虽然乔伊这个环节可能相对比较重要，但他并不是主导整起谋杀案的幕后黑手。为了破获这起案件，警方和 FBI 通力合作，双方整整花了三年时间才将这起案件的始末摸清。

1997 年 9 月，希拉 · 贝尔鲁什和她的家人搬到佛罗里达州，准备开始新的生活。希拉是一个年轻漂亮的中年妇女，她一共生育了六个孩子，从任何方面来看，希拉家除有些混乱外，都只能算是一个比较普通的家庭。虽然希拉之前有过一段失败的婚姻，但她的丈夫杰米·贝尔鲁什并不在意这些。两个人成婚后，希拉生下了四胞胎，加上之前她生育的两个女儿，一家八口的生活还算幸福。

在四胞胎 23 个月大的时候，希拉和杰米搬家了，他们悄悄搬到了佛罗里达州的一个僻静城镇。这次搬家是悄悄进行的，希拉和杰米甚至连家人都没有告诉，之所以会有这样的情况出现，是因为希拉和她在圣安东尼奥市的富豪前夫艾伦一直就两个女儿的抚养权展开着激烈的斗争。因为不想再被前夫骚扰，所以希拉和丈夫决定搬家。

1997 年 11 月，希拉一家人已经在这个小城镇上稳定了下来，这正是希拉一直想要得到的幸福生活。一天，天气很晴朗，但空气有些冷，下午放学后，13 岁的斯蒂维兴冲冲地跑回家，她想要和母亲希拉一起分享青春期的快乐时光。等斯蒂维蹦蹦跳跳地跑进屋子的时候，她突然感觉不对劲，因为四个弟弟妹妹坐在客厅里哇哇大哭，但希拉不见了踪影。

斯蒂维大叫母亲希拉的名字，但希拉一直没有回答，斯蒂维顾不上四个正在哭喊的弟弟妹妹，她要先找到希拉。刚走到厨房门前的时候，斯蒂维突然停了下来，因为她注意到厨房外面的地板上有几滴鲜血，鲜血四周还丢着很多衣物，斯蒂维强制按下心中不好的预感，往厨房里面走去，绕过遮挡视线的橱柜，斯蒂维看到了母亲希拉的尸体。

希拉一动不动地躺在厨房内的地板上，身边还有一大摊即将干涸的鲜血。斯蒂维已经不知道自己到底该怎样做了，她弯下身子想要查看希拉的情况。她摸了摸母亲的脸，尽管希拉的皮肤已经发冷了，但斯蒂维还是想把母亲抱在怀里，只是年幼体弱的她抱不动母亲已经僵硬的身体，尝试了几次之后，斯蒂维才想到报警求助，她慌慌张张地拨通了报警电话。

在电话里，斯蒂维哭着讲明了一切，警方立即派遣警员前去查看情况。先赶到的巡警在确定行凶者已经离开之后，立即向警局报告情况，警方则派遣了大批警力来到希拉家一边寻找证据，一边封锁案发现场。经过初步检查，警探们发现斯蒂维家没有被暴力入侵的痕迹，没有明显的翻动痕迹，行凶者也没有偷盗贵重财物。也就是说，这可能不是一起因盗抢所致的命案。

从地板上和溅射到房间墙壁上的血迹形态来看，命案发生时，凶手和受害人有过一场搏斗，有些地方还按着血手印。取证人员正在采集相关证据，这些血手印将是重要证物。克里斯·爱奥利奥是当时去案发现场负责调查工作的警探，据克里斯回忆，案发现场内有很多血迹，从血迹出现的线路来看，命案是在洗衣房内发生的，受害人和行凶者一直从洗衣房打到厨房，在厨房内受害人被行凶者杀害。最让警方感到愤怒的是，希拉的那四个还不会走路只会攀爬的孩子目睹了妈妈遇害的整个过程，并且还和希拉在房间里待了6个小时。

命案发生后，警方立即通知了希拉的丈夫杰米·贝尔鲁什。在接受初步的问询盘查后，杰米把希拉遇害的消息告诉了希拉的妹妹。因为斯蒂维是发现案发现场的第一个人，所以警方也询问了她，在问话的时候，斯蒂维讲出了一个重要消息。斯蒂维告诉警方，杀死他母亲的人一定是她的爸爸。仔细询问之后，警方才知道斯蒂维口中的爸爸就是希拉的前夫艾伦。因为艾伦远在圣安东尼奥，所以警方起初并没有怀疑凶手是艾伦，但警方还是记录了这条线索。

根据凶手遗留在命案现场的血手印，警方提取到了行凶者的指纹信息，除了这条关键证据，警方还在案发现场找到了一发从点四五口径的自动手枪内射出的子弹。在取证人员收集证据的时候，警探们又走访了住在受害人附近的邻居，并从一位比较警觉的邻居口中得到了一条非常关键的信息。

这位邻居告诉警方，案发当天早些时候，这位邻居注意到一个不是本社区的男人在杰米·贝尔鲁什家不远处的地方停了一辆汽车，因为这个男人是陌生人，所以这位邻居记下了那辆车的车牌号——YBR·62G。有了这条信息和凶手留在案发现场的关键罪证，当地警方只用了两天时间就锁定了作案嫌疑人，他就是住在得克萨斯州南部小城的乔伊·戴尔·德罗。当时，乔伊只有21岁。

警方立刻向FBI通报了这件事，在FBI的介入下，得克萨斯州的警方全力配合调查。得克萨斯州巡警杰·拉尔多奉命参与调查这起案件。虽然锁定的嫌疑人是乔伊，但警方还是有些怀疑艾伦，只是初步的调查结果显示嫌疑人和艾伦之间并没有可靠的关系，所以警方决定先将调查重点放在乔伊身上。得克萨斯州警方在仔细调查了乔伊的背景后有了新的疑惑，因为得克萨斯州警方认为乔伊似乎没有犯案的理由，虽然乔伊有前科，但也只是在超市偷了两件不值钱的东西。

乔伊在上学的时候是一个很出色的橄榄球运动员，因为长相帅气，乔伊很受女孩的欢迎。虽然乔伊看上去不像杀人凶手，但警方还是要继续调查下去。杰没花多少工夫就找到了乔伊的汽车，这辆车就停在乔伊女友家门外的停车场内。因为证据确凿，所以得克萨斯州警方直接拿到了搜查令。在乔伊的车内，警方发现了大量证据。

乔伊的车里有杰米·贝尔鲁什家的地址和地图，一件用来伪装的衣物以及一把点四五口径的自动手枪。另外，乔伊汽车的车垫上也沾有一些血污，警方立即将这些证物带到犯罪鉴识实验室进行化验。在乔伊那件用来伪装的衣物上，警方也找到了一些血迹，经过化验证实这些血迹就是受害人希拉的。现在这些证据都能够指认乔伊与希拉被害一案有关，但是警方找不到乔伊的行踪，尽管警方已经监视了乔伊的家人，但效果不佳。在乔伊的表哥萨米·瓦萨雷斯那儿，警方找到了一条信息，萨米声称他曾开车把乔伊送到了圣安东尼奥的汽车终点站，萨米还告诉警方说乔伊正往美墨边境城市拉雷多靠近。

因为萨米是知情人，所以警方对萨米进行了多次询问，每次询问萨米都能多讲一些警方不知道的内幕，就这样连续进行了四次询问之后，萨米终于讲出了完整的故事。萨米告诉警方，他曾参与制订希拉被害一案的行凶计划。萨米表示当初他们只是决定冲进屋子痛打希拉一顿，所以他不知道乔伊为何会将希拉杀掉。当新闻播出希拉被害的消息之后，萨米才知道乔伊竟然把希拉杀死了。为了争取减刑，萨米同意指认乔伊，现在萨米的证词也证明了警方先前的猜测，乔伊就是杀死受害人希拉的真凶。所有的调查工作都被引导到了同一个方向，警方和 FBI 需要在最短的时间内找到乔伊，从而破获这起手段骇人又血腥的杀人案。

在萨米的叙述中，警方掌握了乔伊杀死希拉的全过程，虽然萨米说的这些内容都是乔伊事后讲给他听的，萨米并没有亲眼看见，但他的供词让警方了解了受害人希拉遇害的全部过程。原来案发时，乔伊先用手枪击中了希拉，但这颗子弹并没有直接杀死她，希拉依旧在地上挣扎，所以乔伊把希拉拖进厨房并用刀杀了她。此时，乔伊已经逃到了墨西哥，警方必须在 FBI 的协调下才能继续调查。但这个时候，萨米又告诉警方，还有一个名叫丹尼 · 罗查的人也参与了谋杀。

据萨米交代，丹尼是圣安东尼奥市的一个小赌徒，当初就是丹尼联系自己去打希拉的。最初，萨米不知道受害人是一个女人，他本想挣一笔外快，但当他知道受害人是一个女人时，他就不想去了，但是他又不能不去做，所以萨米想到了乔伊，他觉得乔伊可能会对这件事感兴趣。在后续的调查询问中，萨米还告诉警方，丹尼是一个高尔夫球爱好者，他还有一个叫艾伦的朋友，两个人的关系很好，萨米经常听到丹尼提起艾伦。

这个时候，警方第一时间就把艾伦和受害人希拉的前夫艾伦联系到了一起。在警方看来，这个艾伦和受害人希拉的有钱前夫很可能是同一个人。因为艾伦很有钱，所以他才有能力雇其他人实施他制订的复仇计划。但到目前为止，这只是警方的猜测，想要证明这起谋杀惨案和希拉的前夫有关，他们还需要更全面的线索和证据。警方立刻询问了受害人希拉的女儿斯蒂维，斯蒂维也证实丹尼和艾伦确实是朋友关系。经调查发现，在希拉被害当天，丹尼和艾伦曾在一起打高尔夫球。

为了能够获得更全面的情报，警方决定对丹尼实施抓捕。因为有萨米的证词，所以警方顺利申请到了逮捕令，警方以涉嫌参与谋杀案的罪名将丹尼逮捕。丹尼被捕后坚决否认参与了这起谋杀案，并且拒绝与警方合作。虽然丹尼拒绝认罪，但警方还是将他羁押了起来，与此同时，警方开始着手调查艾伦这个嫌疑最大的嫌犯。因为警方的举动声势较大，而艾伦又是当地很有名的富豪，所以调查工作一开始，艾伦就成了媒体关注的焦点。在后来的一次访谈节目中，艾伦面带微笑出现在镜头中，他向警方宣战，希望警方可以尽快来调查他，因为他和这起案子没有丝毫关系。

因为有 FBI 参与，所以相关调查工作推进的速度很快，在艾伦接受电视采访的时候，FBI 已经挖出了艾伦和希拉的过去。希拉和艾伦是在俄勒冈州相识的，当时希拉只有 19 岁，而艾伦已经 27 岁了。那个时候的艾伦已经有过一次失败的婚姻，当他和希拉结识的时候，他的第二段婚姻也即将宣告结束。尽管艾伦已经有了两次糟糕的婚姻，但他彬彬有礼的表现很快就吸引了希拉。单纯的希拉根本不懂得什么叫伪装，当时的艾伦长相英俊，有钱又有气质，这种男人一般都是女性喜欢的对象。

所以希拉有时候还会庆幸自己可以遇上这么完美的男友，事实上，在艾伦完美外表下隐藏着的却是一番丑恶的面孔。艾伦的亲妹妹凯丽不喜欢艾伦，因为她知道艾伦的本性。艾伦性格暴躁且容易走极端，他总是无缘无故地发怒，甚至还会打砸家具。什么人去劝，艾伦都不会听，所以家人们都不喜欢他。但是希拉并不知道这种情况，在第三次约会的时候，艾伦和希拉就定了婚事。

在刚刚结婚后的那段时间里，这对新人看起来过得还不错，随后的三年中，希拉生下了两个女儿，她们分别是斯蒂维和达里尔。当时，艾伦正在做肌肉震动机器的进口生意，但他从没有落下自己的业余爱好，他宁肯去打高尔夫球也不愿回家陪伴家人。后来，艾伦一家搬到了得克萨斯州的圣安东尼奥市，从这个时候开始，艾伦和希拉之间的关系变得糟糕起来。有时候艾伦会无故发怒，他会突然抓住希拉的衣领，将希拉抵在墙壁上再举起来，然后欣赏希拉窒息挣扎时的表情。除了这一点，在同外人聊天的时候，艾伦也经常会把希拉描绘成他手中的某件东西，并且宣称不管他做什么事情，希拉都不可能离开他，如果希拉真敢这样做，那他就会杀掉希拉。在警方收录的档案里，艾伦曾两次因袭击希拉而被警方告上法庭。但艾伦因为有钱，交过保释金后就大摇大摆地回家了。在这种充满暴力的家庭中待了四年后，希拉受够了，她决定与艾伦离婚。

希拉向法庭申请离婚，一年后法庭批准了希拉提交的离婚申请。希拉在离开之前曾和艾伦的妹妹凯丽交谈，希拉告诉凯丽与其留在家里被艾伦折磨死，不如尽早离开，争取一个反抗的机会。但希拉的离开不仅没有解决这件事，反而引发了更剧烈的冲突和斗争。在后来的几年中，艾伦不断上诉，以给孩子们支付的抚养费太高为由，想要拒绝支付任何费用，尽管这个时候艾伦的生意已经越做越大，但他似乎变得吝啬起来。1993 年，有钱的艾伦再次结婚，他的妻子莫林给他生了两个孩子，一家人搬到了圣安东尼奥郊区的一栋豪宅中居住。

在艾伦结婚前，希拉也嫁给了一个药物销售员，他就是希拉的现任丈夫杰米 · 贝尔鲁什。1995 年，希拉成了当地的红人，因为通过体外受精，希拉生下了四胞胎，从这个时候开始，希拉的生活开始有了起色和转机。但在这种幸福平静的生活后面，来自法庭上的战争还在继续。为了能够彻底击垮艾伦，希拉在 1997 年夏天发起反击。希拉在法庭上状告艾伦曾经在几年前对她 13 岁的女儿斯蒂维实施虐待。在希拉发动这场诉讼后，艾伦立即私下找到希拉，表示自己愿意认输，不再争取斯蒂维和达里尔的监护权。得到艾伦的口头许可后，希拉撤诉了，她也不想让 13 岁的女儿站在法庭上指认自己的父亲，这对斯蒂维来说实在是太残忍了。

在法庭上失利后，艾伦开始采取新的策略，他找到女儿达里尔，说服她控告自己的母亲。当时达里尔还不太懂事，艾伦让达里尔拨打报警电话，告诉警方希拉曾用暴力对待她。达里尔不懂什么叫虐待儿童，但她习惯性地听从父亲的命令。随后警方将希拉带走进行调查，但事后没多久达里尔就告诉警方，是父亲艾伦强迫自己打的那通电话，希拉才得以逃脱牢狱之灾。也正是因为这次事件，希拉才觉得自己必须远远躲开艾伦，否则她这一辈子都得不到安宁。

1997 年 9 月，希拉一家突然搬到了佛罗里达州，他们没有给任何人留下联系地址。理清楚整件事情的脉络之后，警方认为可能是希拉的突然离开刺激到了艾伦，所以艾伦才会采取极端行动。艾伦是一个痛恨失败的人，他已经放弃了孩子们的抚养权，但希拉带着孩子突然消失的举动让艾伦很不痛快。从这个时候开始，艾伦已经开始策划那个可怕的阴谋，艾伦想要除掉希拉，让希拉彻底从这个世界上消失。

1997 年 11 月，得克萨斯州警方和佛罗里达州警方在 FBI 的协调下正式开始调查希拉 · 贝尔鲁什被害一案。现在警方虽然断定艾伦就是幕后黑手，但他们需要证据才能将艾伦定罪。FBI 让警方尽快调查和艾伦相关的信息，不管是电话记录还是银行交易信息，或者是从其他目击者、知情者那里得到的信息，只要能够掌握到任意一条信息，都能打开突破口，让警方快速结案。

随着调查工作的深入，警方发现在希拉一家搬走之后，艾伦利用了一切能够动用的方法寻找希拉的下落。电话记录显示，艾伦曾多次打电话到圣安东尼奥的保释基金公司，希望能够从这里探听到希拉的行踪。艾伦的电话记录显示，他还曾雇了一个私人侦探去佛罗里达州寻找希拉。在希拉被害两周前，希拉的女儿达尼尔给艾伦打过电话。在电话里，艾伦反复询问希拉的住址，但达尼尔说妈妈不让她说出他们现在居住的地址。艾伦谎称自己将要在圣诞节去看他们，这个谎言让达尼尔最终将家庭地址讲了出来。

此时，警方已经掌握了一些对艾伦不利的证据，但公诉方想要靠这些证据将艾伦定罪显然还有些不足。FBI 建议警方从丹尼·罗查这里打开突破口，因为他是唯一可以直接证明艾伦和希拉的死有关的知情人，只要警方能够从丹尼这里拿到指控艾伦的证词，那艾伦就难逃法网。丹尼是一个十足的赌徒，他没有正常工作，一直都是靠着非法赌博来赚钱养家。1996 年，丹尼和艾伦相识，当时已经成为百万富翁的艾伦正在寻找一场高赌注的高尔夫球比赛，就这样丹尼和艾伦搭上了线。

丹尼是一个彻头彻尾的赌徒，所以 FBI 建议警方和丹尼做交易，在大幅减刑的诱惑下，丹尼决定妥协。因为萨米已经向警方坦白，所以丹尼认不认罪都要被送上法庭。在同丹尼谈判的同时，公诉方以共谋杀人罪将丹尼告上法庭。1999 年 1 月 12 日，对丹尼的审判正式开始，两天后丹尼向警方认输，他和公诉方达成了协议，丹尼在监狱内同警方讲述了那起谋杀案的全过程。

丹尼告诉警方，事情开始于 1997 年 7 月，在一个高尔夫球场里，丹尼和艾伦见了面。在一起打高尔夫球的时候，艾伦准备给丹尼一笔钱，让他去教训一下希拉。在同艾伦谈话的时候，丹尼表示如果找人去打希拉，那下手的人可能会失手将希拉打死，为了不出现这种意外，丹尼需要花时间找人，但艾伦表示打死就打死吧，多给些钱就是了，并让丹尼尽快去办。拿到钱后，丹尼就联系了朋友萨米，让萨米去打人。结果萨米不愿打女人，他又找到了乔伊代替自己去完成这件事。

丹尼告诉警方在谋杀案发生三天前，他和萨米还有乔伊在圣安东尼奥的一家高尔夫球场会面，三人一起确定了这场谋杀计划。丹尼告诉乔伊，如果他把希拉打伤，他就能拿到 4000 美元，如果把希拉杀掉，那他就能拿到 1 万美元。在重金诱惑下，乔伊答应做这件事。商议结束后，乔伊开车去了佛罗里达州，杀死了受害人希拉。到这里，事情的始末终于大白于天下。警方从丹尼那里拿到证据后，立即着手证实这件事是否真实发生过。

在对比了手中已经掌握的证据后，警方认为丹尼所讲的经过属实。但是丹尼在法庭上给公诉方做陈述的时候，可能是因为想要尽力撇干净自己，所以编造了很多谎话，因此丹尼没有通过测谎，这让公诉方非常生气，公诉方决定废除之前同丹尼定好的协议，并立即将丹尼送上法庭继续进行那场未完成的审判。1999 年 1 月 15 日，丹尼被判有罪，警方指控的一级谋杀罪名成立，法官判其终身监禁。

因为丹尼撒了谎，所以丹尼提供给警方的证词也不能作为证据指认艾伦，公诉方只好将案情暂时搁置下来，现在看来艾伦才是这场谋杀中的最后赢家。在公诉方暂停调查之后，艾伦开始上下活动，准备靠金钱来打通关系，用新闻媒体来证明自己是清白的。此后，艾伦开始频繁登上电视节目，并坚称自己是无辜的。

为了将艾伦关进监狱，公诉方决定利用《反对妇女暴力法案》。这项法案规定，在全国范围内，对女性实施家庭暴力是一种联邦级的罪行。2000 年 1 月 4 日，艾伦因家庭暴力罪和阴谋雇凶杀人罪被警方逮捕，公诉方将他送上法庭，在这次审判中，丹尼再次以污点证人的身份出庭作证，他在法庭上详细讲述了艾伦指使他雇凶杀人的全过程。丹尼告诉法官，艾伦后来把雇凶杀人的赏金提升到了 14000 美元，之所以提升这么多是因为艾伦想让乔伊把希拉的尸体也处理掉。艾伦曾亲口告诉丹尼，不管是把希拉的尸体埋到树林里还是丢进河里，或者是拉去喂鳄鱼都可以，只要把希拉杀死，让她彻底消失，那他就能够拿到 14000 美元。

但是因为丹尼之前撒过一次谎，所以艾伦的辩护律师以此反击公诉方，说这一切都是丹尼编造的，辩护律师还表示艾伦很可能都不知道丹尼雇凶杀人这件事，整件事说不定是丹尼一手操控的，因为他想通过杀死希拉的行为来拉近他和艾伦之间的关系。在法庭审理的过程中，艾伦一直表现得很冷静，他的这种冷静让陪审团很难做出判决。2000 年 6 月 29 日，陪审团经商议决定判艾伦有罪，艾伦最终被判无期徒刑。

艾伦被判入狱的同一天下午，乔伊也承认了自己杀害希拉的罪行。FBI 花了很长时间才把他引渡回来。乔伊认罪后，详细讲述了案发时的情形，并明确表示艾伦才是幕后推手。乔伊告诉警方，因为艾伦和丹尼都把希拉描述成一个虐待孩子的变态妇女，而艾伦则是想要将孩子们解救出来的好父亲，所以乔伊才愿意做这件事。

在案发当天，乔伊说他曾偷偷潜入希拉家，想要看看希拉到底是不是一个坏妈妈，但他发现希拉是一个善良慈爱的母亲。但就在他想要离开的时候，希拉看到了他，这个时候乔伊恶从胆边生，动手杀掉了希拉。最后法庭认为乔伊有罪，且没有慈善之心，判其无期徒刑并且不得假释。

【异常犯罪心理分析】

这是一起暴力杀人案，凶手乔伊在行凶的时候先后使用了手枪和刀两种凶器，从案发现场的血腥程度和印在房间内的血手印来看，乔伊是冷酷且没有良知的，这可能和乔伊的本性有关。虽然他是在金钱的诱惑下犯下这起杀人案，但不可否认的是，乔伊的心理是不健康的。在乔伊被捕后，他向警方讲了作案前他也犹豫过，但这种说法的水分非常大，因为如果他动过怜悯之心的话，那他绝对不会动手杀人，更不会在开枪之后，又去厨房拿了一把刀，残忍地杀害了受害人。

从乔伊的杀人模式来看，乔伊的本性就是邪恶的，这也是他为何会用这种极端残忍的手段杀死一个素未谋面又在照顾着几个孩子的伟大母亲。所有人都是母亲生育的，所以当人们面对一个母亲的时候都会下意识地做出礼让的行为，这是人善良天性的表现，但乔伊显然不具备这一点。

至于丹尼这个人，他其实和正常人的差别不是很大，但长期参与赌博让他变得过于功利。在丹尼心中，没有什么事情是钱不能解决的，为了能够从艾伦那里拿到更多美金，丹尼充分发挥了赌徒的本质，他亲自找到行凶者并制订杀人计划。虽然他不是主谋，但他是整个谋杀计划中关键的一环，因为有他出现，才会有接下来的一系列事情，而他的目的只是得到钱。单从这一点来看，丹尼也已经丧失了常人所具备的怜悯之心。

最后，我们再来分析艾伦的心理。对这起阴谋杀妻案来说，艾伦才是幕后的推手和主谋，所以他必须为这起谋杀案负最大的责任。从艾伦在生活中的表现就能看出他是一个暴躁易怒的人，尽管他很善于掩饰。一般来说，脾气暴躁又没有责任心的男人很容易制造家暴，而且希拉的死其实就是家庭暴力不断升级所造成的最终结果。

家暴这种行为是导致家庭妇女出现死亡的一个主要原因，在美国每年都有很多家庭妇女因为家暴丧命。为什么家暴会有这么严重的后果呢？这是因为在施暴的过程中，施暴者能够享受到一种异常变态的刺激感，随着施暴频率的增多，施暴者会更加迷恋这种感觉，这也是艾伦不能容忍希拉从他的视线中逃离的一个主要原因。

希拉的逃离让艾伦觉得她已经逃出了自己的掌控，这种突然失控的情况是艾伦所不能容忍的，在多次施暴集聚起来的强大掌控欲望的推动下，艾伦最终产生了想要杀死希拉的想法。在这个案例中，因为艾伦有钱，所以他可以买凶杀人。如果在其他案例中，施暴者没有钱，那他必定会亲自涉案。总而言之，艾伦的心理异常是在一次次家暴的过程中一点点变严重的，这是一个不可逆的过程，所以他一定参与了惨案的发生。

第八章

亚伯斯福杀手

加拿大西北部的不列颠哥伦比亚省是加拿大的四大省之一，本意要讲的案例就发生在不列颠哥伦比亚的亚伯斯福，亚伯斯福和其他城市不大一样，这里教堂林立，是一个宗教圣地。当地的治安很不错，民风淳朴，人们热情好客，所以这里又被称为“不列颠哥伦比亚安静的后花园”，每年都有大批游客来到这里游玩，但就在这个安全的环境里竟然发生了一起骇人听闻的凶杀案。让人感到不可思议的是，凶手的行为十分古怪。凶案发生后，凶手不仅出言恐吓目击证人，还多次挑衅警方。到底是什么样的凶手才能做出这种事情？现在我们需要跟着警方一起去找寻答案。

1995 年 10 月 13 日，夜幕悄悄降临，亚伯斯福华灯初上，人们按照往常的习惯下班回家，而精力比较充沛的年轻人则会参加一些派对，整个城市都笼罩在一片安宁祥和的气氛之中。亚伯斯福是保守又虔诚的“老式地区”，这可能和这座城市里数量众多的老式教堂有关，很多有孩子的夫妇都喜欢搬到这座城市定居，因为他们认为生活在这里一定很安全，但很快人们的这种印象被彻底击碎了。

当夜色渐深，整个地区都陷入寂静的时候，一起手段残忍的罪案已经悄然发生了。1995 年 10 月 14 日凌晨 5 点 30 分，一名年纪只有 16 岁的少女捂着后脑勺，跌跌撞撞地走进了一家综合医院。进入医院的时候，这名女孩的神志已经不清醒了，在白炽灯光的照射下，女孩身上沾满了暗红色的血迹。她的出现立刻惊动了医院里的值班人员，医生和护士急忙冲上前将踉跄着的女孩扶稳。经过初步检查，医生认为女孩的头部遭受了重击，颅骨有严重的骨折状况，必须立刻进行手术。

在紧急抢救这名少女的同时，医院联系了当地警方，警方立刻调派了一名警探赶到医院查看情况。经调查得知，这名少女名叫米斯蒂·考克里尔，是当地一所高中里学习成绩很好的学生。她为何会被人攻击？攻击她的人又是谁？就在警探思考这些问题的时候，米斯蒂·考克里尔断断续续地告诉医生，她还有一名同伴失踪在外，现在生死不知。

警探得知这个消息后立即通知警局，让警局加派巡逻警察四处搜查，希望能够找到另一个被袭击的女孩。处理好手头上的事情之后，警探一边在医院等待抢救结果，一边拨通了米斯蒂家的电话。他告诉米斯蒂的母亲，米斯蒂现在正在医院进行抢救，让她尽快赶到医院。此时米斯蒂的情况很不好，她的体温非常低，这意味着她曾在室外躺了很长一段时间，又在大量失血的情况下跌跌撞撞地走到医院。米斯蒂到医院后很快就陷入了昏迷，警方只能从医生口中得到一点米斯蒂昏迷前讲的片段。

这非常不利于案子的侦破，但也没有更好的办法了，警方只能加大搜寻力度，并且期望米斯蒂可以从死神手中逃脱。医生告诉警方，米斯蒂的头部伤痕很可能是被棒球棍击打所致，所以凶器有可能是棒球棍或同类型的棍棒物。因为米斯蒂是头部受到重创，所以她会时而清醒时而昏迷。在清醒的时候，米斯蒂不断重复着她的朋友坦雅的名字，医生把这个名字告诉守在病房外的警探后，警探立刻询问了米斯蒂的母亲，并从她那里得知了坦雅的全名。这个同米斯蒂一起的女孩名叫坦雅·史密斯，和米斯蒂同岁。坦雅和米斯蒂是一起长大的好朋友，两个人之间的友谊非常深厚，一旦有空闲，她们就会一起玩耍。

从米斯蒂母亲那里，警方确认案发当晚，同米斯蒂一起外出的女孩就是坦雅，但她也不知道坦雅和米斯蒂都去过哪里。当米斯蒂清醒的时候，护士也尽可能地向米斯蒂询问坦雅的去向，但米斯蒂也不清楚坦雅现在到底在哪里。时间一分一秒地过去，在太阳高高升起的时候，警方接到了一个报警电话。报警者是一名在河边垂钓的渔夫，他告诉警方，在连接亚伯斯福和切利瓦克的维德运河上，有一具年轻女孩的尸体，这具尸体就躺在河边约 15 厘米深的河水里。

接到报警电话，警方产生了不好的预感，警方预测这名被弃尸在运河中的女孩很可能就是坦雅，随后赶到案发现场的警探证实了警方的猜测，受害人确实就是坦雅·史密斯。确认受害人的身份之后，警方立即调派了法医和证据采集员来检查受害人的尸体。

在坦雅的尸体上，取证人员采集到了精液样本，这意味着受害人遭受了侵犯。受害人的尸体上伤痕遍布，从这些伤痕的形状上可以判断出行凶者使用的应该是棒球棍一类的凶器。因为受害人被发现的时候是全身赤裸着的，所以警方认为凶手很有可能会把受害人的衣物丢在附近。警探们立刻四处搜查，只花了不到五分钟的时间，就找到了受害人的衣物。这些衣物被摆放在一些低矮的灌木丛上，看起来凶手似乎并不想将衣物藏起来，反而像专门把这些衣物展示给调查者观看一样。凶手的这一行径含义明显，警方认定凶手是想要用这种手段向警方挑衅，这个凶手的凶恶程度远远超过一般罪犯，也就是说，凶手很可能还会继续犯罪。

就在警方努力破案的时候，有关这起袭击强奸杀人案的相关报道也被媒体公开，人们感到非常震惊和不安，因为他们也认为这个凶手是不寻常的，他很有可能是一名连环杀手。小镇上的居民只能期盼警方尽快破案，只有案件被侦破，这座城市才能重新回归宁静。除了担心这残忍的凶手会是连环杀手，警方还必须排除另一个可能，他们必须确定这个杀手是否是从其他地方流窜过来的。因为不列颠哥伦比亚省和美国接壤，所以当地警方决定同 FBI 取得联系，希望 FBI 可以协助调查。FBI 在得知事情的始末后，立刻派出两名犯罪心理专家赶到事发处，协助当地警方侦办这起案件。

这时，亚伯斯福警方已经从逐渐清醒的米斯蒂那里拼凑出了凶案发生前后的事情脉络。据米斯蒂回忆，案发当晚她和好朋友坦雅在附近的索立市参加了一个朋友举办的派对，两个人喝了不少酒，但精神状态都比较好。派对直到凌晨才宣告结束，米斯蒂和坦雅告别朋友搭上了一辆开往亚伯斯福的汽车。回到亚伯斯福之后，这两个少女还没有尽兴，她们决定去找另一个朋友，因为已经回到了熟悉的地方，所以两个女孩并没有产生任何危机意识。

米斯蒂和坦雅手挽着手哼着歌走在略显阴暗的街道上，两边都是她们熟悉的建筑。就在这两个女孩兴高采烈地往前走的时候，一个人影突然从阴暗的角落冲了出来，这个人在米斯蒂和坦雅反应过来之前，就一把抓住了她们的手腕，然后拖着她们往路两边的树丛中走去。年幼体弱的两个少女不是这个成年男人的对手，她们被拖进树林，然后被推倒在树丛后面的一块空地上。

这个时候，两个女孩才注意到这个成年男人的另一只手里还拿着一根看起来非常坚硬的棒球棍。这名男子注意到两个女孩的目光后立刻挥动手中的棒球棍，威胁这两个女孩就范。两个女孩不敢反抗，她们只能听从这名男子的话。可能是觉得这两个女孩不敢反抗，也有可能是为了方便行事，这个男人将手中的棒球棍放到了草地上。

趁着这个男人对坦雅下手的间隙，米斯蒂急忙爬过去抓住那根被丢在地上的棒球棍，然后迅速站起身来用棒球棍击打这名男子，但善良的米斯蒂没有打中要害，她的攻击让这个男人变得更加狂暴。被攻击后的男人立即丢下坦雅，回过身来抓住棒球棍和米斯蒂争夺起来。两个人来回拉扯了几下，米斯蒂不是对手，棒球棍被夺了回去。抢回棒球棍后，这个男人一把将米斯蒂推倒在地，然后抡起棒子殴打。米斯蒂大声求饶，希望对方可以放过自己，但米斯蒂的求饶声不仅没有起到作用，反而让男人更加兴奋。

这个男人疯狂攻击米斯蒂，米斯蒂只能抱着头苦苦忍受，可能是因为看到米斯蒂抱着头，所以行凶者开始疯狂攻击米斯蒂的头部。米斯蒂的头部被连续棒击了 7 次，这 7 次重击让米斯蒂昏死了过去。当行凶者再次攻击米斯蒂的时候，米斯蒂已经没有明显反应了，行凶者看到米斯蒂一动不动，认为她已经被打死了，于是就停了手。

数个小时之后，米斯蒂从昏迷中醒来，她挣扎着起身，却发现坦雅和行凶者已经消失不见了。如果不是后脑传来的一阵阵剧痛，米斯蒂可能会误认为自己刚才只是做了一场噩梦。醒来后，米斯蒂发现自己的状态很差，于是挣扎着起身往医院的方向逃去。米斯蒂幸运地逃到了医院，并最终获救。

在米斯蒂接受治疗的过程中，警方一直都没有向她转述坦雅已经遇害的消息。因为警方担心身体刚有起色的米斯蒂会受不了打击，所以米斯蒂一直以为坦雅也已经获救。等米斯蒂的情况稍微稳定之后，警方请了鉴识画家卡麦·伦派来绘制凶手的画像，因为夜色昏暗，在危急时刻米斯蒂也只是隐约记住了嫌疑人的样貌。在米斯蒂的描述下，卡麦画出了一个年纪大约在30岁的白人男子，这个人面容消瘦，额头很高，他可能是双眼皮，鹰钩鼻。这个人还留着八字胡，头发非常稀疏，因为这个人可能已经很久没有洗过头了，所以他的头发很凌乱，还散发着一股异味。

10月17日，凶杀案发生4天后，警方突然接到了一个举报电话，打电话的是一个男人，这个男人告诉警方，是他将受害人米斯蒂送到医院接受治疗的。但在警方已经掌握的线索中，米斯蒂应该是自己走到医院的，所以警方立即警惕起来，警方要求这个男人来一趟警局，但该男子迅速挂断了电话。在与这个男子通话的时候，接线员隐约听到电话对面有火车经过时发出的声音，不过因为警方认为凶手不会如此胆大，所以接线员只是做了记录并没有追踪这通电话。

事实上，这通电话确实是凶手打来的，只是FBI曾发觉异常，但因为没有证据，又是在客境协助当地警方办案，所以FBI没有直接发表意见。但FBI建议当地警方注意观察细节，抽调便衣警察留意那些去受害人坦雅葬礼上的人。因为很多心理变态的杀人凶手都会亲自参加受害人的葬礼，在这些人的心目中，参加受害人的葬礼是他们重温杀人过程的重要手段。不过虽然警方手中握有嫌疑人的画像，但嫌疑人并没有出现，警方手中缺乏证据，仅有的一名目击证人也不能向警方提供更加详细的线索。为了能够破案，当地警方决定对凶案发生的那片树丛做进一步搜查，期望能够从树丛中找到一些可以推动案情进展的线索。

虽然警方在搜查的时候十分仔细、小心，但凶手并没有在案发现场内留下任何证物。就在案情陷入停滞的时候，警方再次接到了一通可疑电话。一个男人打通了警方设立的举报电话，在这通电话中，该男子表示他就是杀人凶手，为了能够证明自己没有说谎，这个人说了一些外界都不知道的作案细节。比如，该男子告诉警方，受害人坦雅·史密斯的尸体上有一个咬痕。在警方录制的电话录音中，接线员可以清楚地听到这个人在说这句话的时候发出了吸口水的声音。很快接线员把这件事上报，负责侦办这起命案的警探立即命人追踪这通电话，并最终找到了这通电话的来源。

这通电话是从体育馆附近的一个公用电话亭打过来的，警方立刻抽调了大批警力赶到这个地点，想要直接将嫌疑人捉拿归案，但当警方赶到的时候，打电话的人已经消失了。结合之前凶手的所作所为，警方认为凶手可能会躲在某个地方观察警方的行动，所以警方决定排查该区域内的所有民众和通过该区域的车辆行人，但这次排查依旧没能找到嫌疑人。取证人员仔细检查了公用电话亭，但嫌疑人非常小心，没有留下任何证据，警方也没能采集到凶手的指纹信息。

本以为凶手会消停一段时间，但让人没有想到的是，数个小时之后，嫌疑人再次拨通了报警电话。在电话中，凶手大肆嘲讽当地警方，说自己显然不会像警察那样愚蠢，更不会在打电话的时候留下指纹。这通电话的通话时间很短，警方没来得及对这通电话进行追踪。但就在 20 分钟后，凶手又一次拨通了警方设立的举报热线，在这通电话中，嫌疑人声称自己就是凶手，他会在这个电话亭附近寻找下一个目标，这是他留给警方的抓捕机会，期待警方有更好的表现。

警方追踪到这通电话是从广场附近的一家杂货店旁的公用电话亭中打出的，警方立即调派警力赶到这个地点进行搜查，但嫌疑人早已逃之夭夭。这时 FBI 已经判断出凶手这样做的目的，凶手显然是一个非常自大猖狂的人，他喜欢跟警方玩这种猫捉老鼠的游戏，只要警方不能抓到他，那他就可以获得足够强的来自智商上的优越感，而这种感觉就是他频繁拨打报警电话的主要原因。虽然找到了凶手这样做的动机，但警方一直都没能将他抓捕归案。最后警方在没有办法的情况下只能向外界公布嫌犯的画像，希望有热心群众向警方提供一些有价值的线索。

当嫌犯的画像公布后，警方在短短一周时间内就接到了 10 通举报电话。虽然民众积极地向警方提供线索，但这些线索都是错误的，而且警方在接到这类电话之后必须调派警力前去调查，这种情况在无形中进一步消耗了警方的精力，虽然看起来非常忙，但警方所做的基本上都是无用功。万圣节前夕，凶手在一家运动酒吧外面的公用电话亭中拨通了报警电话，虽然警方的行动非常迅速，但凶手还是先一步逃走了。

这个时候，警方在民众心目中的威望已经大大降低，大家都知道了凶手正在用电话戏弄警方。民众很困惑，为何在凶手频繁显露行踪的情况下，警方依旧不能将凶手逮捕归案。为了能够让民众安心，警方决定召开新闻发布会。在这次新闻发布会中，警方表示将会有更多警力参与这次调查，巡警会按时在每个街道内例行巡逻，所以请当地居民不要害怕，要相信警方可以保证大家的安全，相信警方能够在短时间内侦破这起凶案。为了能够证明凶手是狡猾变态的，警方还对民众公布了一部分凶手打进来的电话录音，希望有人能听出电话录音中的声音，并据此找到作案凶手。

可惜的是，民众也没有认出打电话的人到底是谁。警方只能通过媒体建议当地居民结伴出行，尤其是妇女，一定要在有男性陪同的情况下再出门。另外，警方还提醒当地居民尽量照看好家里的孩子，千万不要让孩子落单，以防凶手会突然犯案。自从警方公布了凶手打来的电话录音后，凶手就再也没有通过电话同警方联系了。因为实在没有任何可以协助破案的线索，警方只能用笨办法一点一点地撞运气。警方开始梳理该区域内的犯罪记录，并开始调查有前科的罪犯。因为警方已经拿到了凶手的DNA，所以在核查这些有前科的犯人时，警方可以得到非常准确的结论。

整个核查工作持续了很久，尽管警方不眠不休地努力工作，但始终没有找到他们要找的人。此时，受害人米斯蒂已经出院，警方在保证米斯蒂安全的前提下，准备重新绘制一幅嫌疑人的画像。因为绘制第一幅画像的时候，米斯蒂的状态很不稳定，所以这次绘制出来的嫌疑人画像同第一幅有些差异。比如，嫌疑人头上的头发浓密了一些，五官也更清晰立体了。因此，警方将这张嫌疑人的画像再次公布之后，民众立刻给警方提供了数百个嫌疑人。经过仔细筛选，警方最终锁定了其中一个居住在亚伯斯福的男子。

警方之所以确定他是嫌疑人，主要是因为一共有三名目击证人指认他是凶手，其中一名目击证人还是另外一起性侵案的受害人。最关键的是，在案发前，这个人也曾在案发现场内活动。警方直接将嫌疑人带到了警局进行审问，但这个人坚称自己是无辜的，还主动向警方提供了血液样本和牙齿模型。在比对结果出来之前，这个人一直都被警方拘留在警局内。一直到DNA检测结果证实这个人是清白的，警方才将他放掉。

凶杀案发生的3个月后，警方依旧没有侦破凶案的头绪。考虑到凶手很可能会继续作案，FBI给当地警方一个建议，FBI认为凶手之所以突然销声匿迹，很可能是他想让那个被警方冤枉的人替他顶罪，既然他的愿望落空了，要么他会一直潜伏下去，要么他会再次犯下凶案，警方需要做的就是在这个人再次犯案之前将他抓捕。

综观这个凶手的行为，他显然一直都在关注警方的举动，所以警方可以散布一条假消息诱导凶手出来。

当地警方决定采纳FBI的建议，故意放出风声说警局内的一位心理专家已经把凶手的内心琢磨透了，该专家还表示，当地居民将再也不能看到或听到任何与这名凶手有关的信息。就在媒体按照警方的要求报道这些内容后不久，凶手果然再次出现。某日清晨，凶手再次回到亚伯斯福市，他将车停靠在市区广播站外的停车场内，然后从车里拿出了一件任何人都想不到的东西——一块水泥墓碑。这是受害人坦雅·史密斯墓前的墓碑，凶手将这块墓碑丢在广播站的专车上后就离开了。

不久，广播站的热线接到了一个男人的电话，这个男人只说了一句话，他让广播站的工作人员去看看他们的汽车，然后就挂断了电话。数分钟后，警方赶到现场，所有人都被凶手的行径镇住了，大家从没有想过一个人可以残忍到这种程度，就算受害人已经死了，凶手竟然还要让她不得安息。最让警方愤怒的是，凶手还在墓碑上留了一张纸条，在这张纸条上，凶手扬言要报复幸存者米斯蒂。警方也没有好的办法，只能增加警力尽力保护米斯蒂。到这个时候，凶手如愿得到了他最想得到的东西，从他做出这种举动的那一刻起，凶手就成了所有人关注的对象。

在放置墓碑两天后，凶手再次拨通了报警电话。这一次，凶手故意将那块墓碑比作他送给警方的礼物，接线员非常机警，当她听清楚这句话后，立刻让技术人员追踪这通电话，然后假装自己听不清楚，尽量拖延通话时长。在接线员的帮助下，警方找到了这通电话是从体育馆外面的公用电话亭里打过来的。这个地方距离警察局只有不到两个街区的距离，凶手的嚣张程度超乎所有人的想象，警方立即调派警力赶往现场。他们将整个街区全部封锁并进行地毯式搜查，但这次搜查依旧没能将凶手逮捕归案。

又过了两天的时间，凶手再次显露行踪。这一次，凶手直接走到一户住户家门外的草坪上，当他靠近窗户以后将一把扳手用力丢到这栋房屋内，突然碎裂的玻璃和飞进房屋的扳手吓坏了屋内的少妇，她急忙拨打电话报警。警方赶到后，发现凶手在扳手上绑了一封信，在这封由打印机打印出来的信件上，凶手坦承了更多罪行。凶手直言他还犯过另外 3 起性侵案，因为凶手在信中详细描述了一些只有警方才知道的案情细节，所以警方确定这名凶手确实犯过这 3 起案件。

在警方核实信中内容的时候，犯罪鉴识实验室传来了一个好消息，工作人员在缠绕信纸的胶带上发现了一枚指纹，但这枚指纹有些特殊，因为在指纹的最中间有纹路呈对号状。现在警方已经掌握了 DNA 证据和咬痕证据以及指纹信息三项铁证，只要警方能够找到嫌疑人，就一定可以将其定罪。拿到指纹证据后，警方立即将该枚指纹的信息输入犯罪档案库内进行比对，但并没有找到匹配的结果。警方还将这枚指纹送到 FBI，让 FBI 输入美国犯罪记录资料库内进行比对，但依旧没有找到匹配的对象。

警方为了侦破凶案，决定孤注一掷。警方设立了一个热线，不管是哪位民众拨通这个热线，都能听到警方已经强化处理过的电话录音，警方希望有民众可以从这些更加清晰的电话录音中听出凶手的身份，并协助警方将凶手逮捕归案。时间悄然流逝，在对警方一番戏弄之后，凶手再次销声匿迹。直到几个月后，家庭主妇奥黛丽·提格接听了警方设立的热线电话，这起凶案才出现了转机。

奥黛丽觉得热线中的声音很像她儿子泰瑞·卓夫的声音，起初奥黛丽还有些怀疑，但等她找来其他家人一同听过之后，家人们都觉得电话里录音的声音就是泰瑞·卓夫的声音。奥黛丽怀着复杂的心情将这件事告诉了警方，警方立即介入调查。调查发现泰瑞·卓夫是亚伯斯福市的一名普通工人，现在正在市区内的一家印刷厂上班。泰瑞有自己的家庭，他和妻子一共养育了两个小孩。从表面上看，泰瑞的生活一切正常，但其实他是一个性格十分内向的人，正是因为这一点，泰瑞在童年的时候很少能引起他人的关注。因此，泰瑞非常渴求被他人关注的感觉。另外，警方发现泰瑞似乎有很严重的强迫症，在生活中，泰瑞有时也很难控制住自己的情绪。

尽管泰瑞的长相和幸存者米斯蒂描述的不同，但警方不愿意轻易放弃这条线索，警方在泰瑞下班后亲自上门访问。警方以泰瑞可能与凶案有牵连为由要求泰瑞跟他们回一趟警局，但泰瑞以自己和嫌疑人长得不像为由拒绝了警方。当晚，泰瑞咨询了律师，又询问了他的老板，听取了双方的意见后决定与警方合作。虽然泰瑞去了警局，并表示自己愿意与警方合作，但他拒绝提供DNA和牙齿模型，只同意提供指纹信息，还要求警方在比对完成后，立刻将他提供的指纹信息销毁。

到目前为止，警方一直没有将他们已经掌握了凶手指纹信息的消息透露出去，所以泰瑞才会故作聪明，准备用这种假惺惺的行为来打消警方对他的怀疑。第二天下午，泰瑞在律师的陪同下来到亚伯斯福警局。据办案警探回忆，泰瑞在提交指纹的时候表现得非常自信，随后警方就将他逮捕了，因为他的指纹信息和警方已经掌握的指纹信息完全相符。

终于，泰瑞被送上法庭受审。因为警方已经掌握了DNA、指纹以及齿模这三项强有力的证据，所以法庭的判决结果是毋庸置疑的。尽管铁证如山，泰瑞依旧坚称自己是无辜的。在自辩环节，泰瑞竟然还在法庭上公开撒谎，他声称袭击那两个女孩的另有其人，他不过是恰逢其会，刚好碰上了已经失去意识的女孩们。泰瑞还强调，因为他患有强迫症，所以他不能抵挡这两个女孩的诱惑，但坚决否认他就是杀人凶手。

最后，法庭还是做出了有罪判决，尽管心理学家表示泰瑞确实患有比较严重的强迫症，但这种心理异常的情况并没有博得其他人的同情。泰瑞 · 卓夫被判有罪，检方指控的一级谋杀罪、蓄意谋杀罪罪名成立，泰瑞 · 卓夫被判终身监禁。

【异常犯罪心理分析】

这是一起手段残忍又卑劣的性侵杀人案。受害人是两名少女，其中一名受害人侥幸逃脱，另一名受害人则惨遭毒手。凶案发生后，警方虽然行动迅速，但因为案发现场在野外，凶手行凶后又将受害人的尸体丢进河流中，所以警方没有在第一时间获得足够多的线索，这是警方迟迟没有将凶手逮捕归案的主要原因。

当凶手频繁拨打报警电话的时候，其实是当地警方侦破这起凶案的最佳时刻，因为在这个时候频繁发生的通话行为让凶手变得盲目，在躲避警方追捕的时候，他可能会出现失误，那么警方就可以趁机将他逮捕。最关键的一点是，凶手在这个时候一般不会去犯下新的谋杀案，因为在戏弄警方的同时，凶手已经获得了足够多的快感。在这种情况下，凶手重新寻找猎物的欲望就不会很强烈，所以在此期间一般不会有新的凶杀案发生。

我们来分析一下凶手的心理异常程度。从警方搜集到的材料来看，凶手从小就比较缺爱，再加上他的性格内向，无法从其他途径宣泄内心深处的负面情感，也始终不能在现实生活中利用自身的某些长处来得到其他人的关注与认可，负面情感一点点地在内心深处积压，酝酿成一股可以撕毁一切的风暴，并最终推着泰瑞走上犯罪的道路。

如果仅以心理异常程度来看的话，泰瑞显然比不上那些杀人如麻的连环杀手，但他的心理异常程度也要远远超过一般罪犯。导致泰瑞心理异常的主要原因就是内心深处极为强大的渴望，他渴望受到其他人的关注，但始终无法从其他人那里收获这种感觉，时间长了，泰瑞萌生出了一些很不好的想法，而这些想法就是他所幻想的世界的原型。当泰瑞的幻想一步步升级，一点点变得更强大，从而彻底摧毁理智时，泰瑞开始谋划凶案。

当泰瑞产生用犯罪的行为来获取他人关注的想法时，缺乏自控能力的他就下意识地按照自己的想法做出来。事实上，这个时候的泰瑞已经不具有可以约束自身行为的能力，他只会冲动行事，因为他的内心深处只想得到他想要的结果。理解了这些，我们就可以明白泰瑞犯下第一起案件后就不再犯案的原因，他发现同警方玩猫捉老鼠的游戏可以让他收获被人关注的快感，这种感觉比他犯杀人案的时候更加强烈。这也解释了当泰瑞面对警方放出来的假消息时，为何会做出那种扭曲变态的行径。总而言之，泰瑞内心深处的那种强烈渴望被他人关注的异常心理，是泰瑞成为一名强奸犯并犯下杀人罪的重要原因。

第九章

凋零的花朵

距离爱丁堡大约有45分钟车程的巴斯盖特是一座典型的英国小镇，小镇周围的自然风光很不错，如果从天空鸟瞰，这座小镇就像是一幅油画一样。总而言之，这里绝对是一个非常适合养老的地方，但这里安宁祥和的气氛很快就被一起残忍的凶杀案击破了。

1991年，一场失踪人口搜寻行动在这座小镇附近展开。人们在寻找一个失踪女孩，这个女孩名叫维基·汉密尔顿，是一名在校高中女学生。维基住在苏格兰的福尔柯克，她和母亲还有弟弟妹妹住在一起。据警方调查，维基的长相虽然不是特别出众，但她在学校的表现很优异，所以同学和老师都很喜欢她。维基本应该属于低风险人群中的一员，但命运就是喜欢捉弄人。

1991年2月9日，维基跟母亲提出了一个请求，她想去姐姐家过周末。维基的姐姐住在离福尔柯克不远的利云斯顿，因为距离比较近，母亲就同意了维基的请求，允许她独自前往姐姐家过周末。在姐姐家过了一个愉快的周末之后，维基动身回家。2月10日，维基被姐姐送到车站后，独自搭乘城镇间的短途公交车回家。按正常情况，这趟车程只需花费1个小时。不过短途汽车也有不好的地方，为了多挣一些钱，这辆车中途会到巴斯盖特市稍作停留，维基则需要在这里换乘另一辆汽车。

到了巴斯盖特市后，维基在广场下了车。正常情况下，维基本应该去警署对面的巴士站坐车，但维基一直没有回家，没有人知道她去了哪里，也没有人再遇见过她，维基神秘失踪了。维基失踪后，担心她安全的家人向警方报了案，接到报警后，警方立刻展开了相关调查。但警方只查到维基的下车地点，知道维基下车后曾在附近的一家便利店购买了一袋薯条，知道她曾坐在广场附近的长椅上休息，这是目击证人最后一次看到维基，之后维基去了哪里，她又是和谁一起离开的，警方就无从知晓了。

警方认为在失踪案发生后的 24 个小时内，失踪者的存活概率是最高的，警方侦破案件的概率也最大。如果是在闹市区，只要警方行动迅速，基本上都能找到目击证人，在目击证人的帮助下，解救出失踪者的概率极高。一旦失踪者失踪的时间超过 24 个小时，那失踪者的存活概率就会降低很多。

为了能够尽快破案并保证维基的安全，警方迅速行动，他们走访了很多住在广场附近的居民，但这些居民都没注意过维基的行踪。警方又在巴斯盖特市所有主干道上设卡，试图从过往行人和司机口中得到有关维基的消息，但这些调查工作没有任何收获。一直到维基失踪一周后，警方才接到线报，有人曾在爱丁堡的圣安德路广场内捡到了维基遗失的钱包。

警方拿到钱包后，立刻派遣专业的犯罪鉴识专家来进行检测。警方希望通过这个钱包找到与维基有关的线索，但这次检测并没有让警方如愿。因为实在没有可供调查的线索，警方只能开展大规模搜查行动。在这次搜查行动中，警方出动了大批警力，很多热心民众也自愿参与了搜查，但依旧没有查到维基的最终去向。其实大家都已经隐约知道了维基的结局，但因为没有证据，警方不能给这起案子定性，这起案子最终成了悬案，被警方束之高阁。

一直到2006年，也就是在维基失踪的15年后，格拉斯哥警方接手了一起失踪案，失踪的同样是一个少女，她的名字叫安格利卡·克鲁克，是一名波兰籍学生。安格利卡是以交换生的身份来到格拉斯哥进修的外国留学生。在警方的卷宗中是这样记述安格利卡的：安格利卡是一个乐观开朗的漂亮女孩，她的学习成绩优异，会多门外语，很有魅力，在学校里很多男孩都仰慕她。

安格利卡在格拉斯哥生活的第二年夏天，搬到了圣派翠克教堂的宿舍居住，但安格利卡并不知道她的命运即将在这里发生转变。这是一家信徒众多的教堂，几乎每天都有数不胜数的人来到这里祷告。在西方，教堂有为居无定所的人提供住宿的责任，可是教堂的住宿区居住环境相对较差，但很少有人会在教堂闹事。

2006年，一名落魄的男子借宿这家教堂，他的名字叫帕特里克·麦克劳林。因为帕特里克身体强壮，所以他成了这家教堂的杂工，负责给教堂搭建屋棚或处理一些杂务。因为帕特里克可以很好地胜任这份工作，所以神父很欣赏他，时间长了，帕特里克就成了这家教堂的雇工。因为安格利卡也住在教堂的宿舍区里，所以帕特里克和安格利卡成了好朋友，安格利卡非常信任帕特里克。

安格利卡并不知道，虽然帕特里克看起来是一个很好相处的中年男人，但其实他还有另一层身份，这层身份被帕特里克很好地掩盖住了。在警方的卷宗中，帕特里克是英国犯罪史上臭名昭著的连环杀手之一。2006年9月25日，安格利卡神秘失踪，警方展开调查后，首先盘问了教区内所有与安格利卡有关系的人，帕特里克自然也在接受调查之列，但帕特里克坚决表示他对安格利卡的失踪一无所知。

警方手中没有证据指认帕特里克，所以在做完调查后，警方就把帕特里克放了回去，但帕特里克随即失踪，他的消失让警方深感疑虑。为了不错过将凶手绳之以法的机会，警方决定抓住这条线索继续调查。因为帕特里克曾在教堂工作过，所以警方从教堂那里拿到了帕特里克工作证上的工作照，然后利用新闻媒体将这张照片公布出去。因为这个时候，警方还没法确定帕特里克就是作案凶手，所以新闻上公布的内容是希望可以找到他，让他来协助警方调查破案。

本来警方公布这张照片的目的是想要借助大众的力量找到帕特里克，但在这张照片公布之后，警方接到其他警署传来的线报才得知照片上的这个人并不叫帕特里克，他的真名叫彼得·托宾，是一名在逃罪犯。这时，格拉斯哥警方手中掌握的信息很匮乏，只知道彼得曾因为犯下了多起性侵罪而被法庭定罪。但在 2005 年，彼得突然失踪，现在他再次出现，而且还是安格利卡失踪前见过的最后一个人，因此警方认为这个人就是他们侦破案件的关键，所以警方开始紧追这条线索。

现在警方担心安格利卡可能已经遇害。一般而言，如果凶手动手杀人，那么处理受害人的尸体将成为首先要考虑的事。彼得住在教堂，这里的人流量很大，所以彼得如果真的动手行凶，应该没有机会将受害人的尸体运出去，所以教堂很可能就是彼得埋藏受害人尸体的地方。于是，警方决定搜查彼得居住过的房屋和经常出没的地方。这次搜查的结果和警方预测的结果相同，安格利卡确实已经遇害，她的尸体被埋在了教堂圣洗池旁边的地板下面。

这个地方被人设计了一个暗门，打开暗门就能下到地底一个狭小的空间。在这个暗门后面放置着大量胶带和防水袋，安格利卡的尸体就在这些袋子里。打开防水袋后，安格利卡的尸体出现在了警探面前。经过连续三个小时的取证流程，警方终于确定这个狭小的暗室并不是案发地点，而是凶手丢弃尸体的地点。因为这个暗室实在过于狭小，而暗室周围的墙壁上也没有沾上飞溅形态的血迹，所以警方判断，安格利卡在被运到这里之前就已经死了。警方除了努力在弃尸地及受害人的尸体上搜集线索，还需要在教堂内部寻找作案现场。因为教堂和车库相连，所以警方决定优先检查车库。

经过仔细搜查，警方在车库的水泥地面上发现了 10 余处血迹，从血迹形态来看，这 10 余处血迹都属于喷溅状血迹。一般而言，这种血迹形态出现的地点都发生过斗殴，所以警方认为这里就是受害人安格利卡受到攻击的案发地。

找到案发地，警方立即抽调犯罪现场调查组前来检视，检视的结果和警探的推想相同，因为在车库的墙壁上也有一些溅射状血迹，而且犯罪现场调查员在车库的天花板上还找到了几处抛甩状血迹，这些血迹形态共同佐证了警方的推理。另外，警方根据出现在天花板上的抛甩状血迹形态推算出凶手行凶的时候用了某种凶器，这种凶器应该有一定长度，只有在行凶的时候反复挥动手中的凶器，血液才能被抛甩到位置较高的天花板上。

已经有了推论，所以警方在车库杂物堆中寻找凶器的过程就比较顺利了。只花了 20 多分钟，警探就从角落里找到了凶手使用的凶器。这是一根铁质桌腿，上面还沾有受害人的鲜血。将案发现场仔细整理后，警方将手中采集到的证据全部移交犯罪鉴识实验室，由专业的检测员来检测这些证物。警方希望犯罪鉴识实验室的工作人员能够从这些证物中找到与行凶者有关的线索。在检测进行的同时，警方也需要尽快锁定头号嫌疑人彼得 · 托宾的行踪。

这个时候，警方已经搜集到了不少与彼得 · 托宾有关的线索，其中对警方最有帮助的是彼得的履历，通过这段写在报告上的履历，警方判断出彼得就是他们要找的那个人。彼得 · 托宾出生于格拉斯哥附近的一个乡村，他的童年生活过得很不幸福，因为多次偷盗抢劫，彼得曾被送到少管所接受管教。成年后，彼得先后结过三次婚，并生育了两个孩子。在警方的卷宗中，彼得曾连续多次遭到前妻指控，她们控诉彼得是一个精神不正常的人，在生活中，彼得经常在她们身上施加暴力。

1993 年，彼得还在哈文特市攻击了两名十四五岁的女学生，并对这两名年轻女孩实施了性暴力。案发后警方迅速破案，彼得被警方逮捕。经过法庭审理，彼得被判处 14 年有期徒刑。9 年后，彼得假释出狱，他回到了家乡居住。起初，彼得表现得还比较正常，但在 2005 年 10 月，彼得再次消失。警方搜集的线索显示，在失踪后的这段时间里，彼得曾涉嫌攻击了一名少女，但因为没有足够的证据，警方并不能将这个罪名落实。

大约过了一年，彼得又在格拉斯哥现身，这一次彼得改名为帕特里克，因为涉嫌谋杀安格利卡，彼得再次潜逃。寻找彼得成了警方的首要任务，在向上级申报之后，警方开始在全国范围内张贴通缉令，并通过媒体向全国人民呼吁，让大家小心彼得，千万不要接近这个人，至此彼得的信息已经透明化。没过多久，警方接到线报，有目击者看到彼得乔装打扮后进入一家医院，在和医院取得联系后，警方锁定了彼得，这一次彼得在劫难逃。

最终，警方在医院里将彼得逮捕。对警方来说，抓到彼得是一件值得庆祝的事情，但这个时候还不是应该高兴的时刻，警方还必须证明彼得就是杀害安格利卡的真凶，否则检方很难在法庭上打赢官司，彼得就会被无罪释放。其实警方已经从受害人安格利卡体内提取到了凶手留下的 DNA 样本，但在犯罪档案库内进行比对的时候并没有找到相匹配的对象。因为彼得拒绝向警方提供 DNA，所以警方只能另想他法。

警方决定跳出犯罪档案库这个圈子，转而在全国 DNA 数据库中进行分析比对，这一次仅花了 30 分钟就找到了匹配对象，这个人就是彼得。警方已经拿到了分量足够重的证据，本可以到此结案，但一位曾经和 FBI 有过多次交流的资深探员认为，从这起凶案的凶残程度以及案发后凶手的表现来看，凶手显然不是首次杀人。为此，这位探员还和之前结交的 FBI 探员取得了联系，双方共享信息后，最终断定彼得一定还犯过类似的案件。该结论得出后，英国警方重启调查，这一次警方将调查的方向放在了彼得的过去。

在调查的过程中，警方发现彼得的足迹几乎遍布整个英国，他先后换过多个电话号码，也租过很多汽车。在办电话卡和租用汽车的时候，彼得用的都是假名字，也就是说，这个人可能会在英国境内的任意一个地方犯下凶案，所以想要将有关彼得的事情调查清楚，并不是一件容易的事，警方需要花费更大的精力。所以在继续侦办与彼得有关的凶案前，警方决定先把彼得告上法庭，在法庭将他定罪之后，再慢慢追查他之前到底有没有犯过其他凶案。2007 年 3 月，彼得被送上法庭，因为警方手中掌握了关键证据，所以法庭很快就做出了最终裁决，彼得被判有罪，检方指控的强奸及谋杀罪名全部成立，法庭判其有期徒刑 21 年。

在彼得被关押到监狱后，警方又开展了声势浩大的调查行动，几乎全英国的警察都参与了这次行动。警方需要确定彼得在某个时间段内去过哪儿，然后再详细调查当彼得待在这个地方的时候，该地区内是否有悬而未破的凶杀案或性侵案。如果有这类案件，警方就会将案情细节和受害人的特征记录下来，并在各个警队之间共享信息，一起侦破相关案件。

很快，警方就找到了第一个与彼得有关的案件。该案发生在巴斯盖特，失踪者是维基 · 汉密尔顿。警方发现在维基失踪的时候，彼得就住在巴斯盖特，所以警方怀疑维基的失踪和彼得有关。警方调查显示，在 1989 年到 1991 年，彼得一直住在巴斯盖特。因此，警方决定去彼得住过的旧居调查取证，警方希望能够在那里找到相关证据，可以证明彼得与维基的失踪有关。

在仔细搜查这栋房屋的过程中，警方在房梁下方的墙缝内发现了一把保存完好的尖刀，虽然不能确定这把尖刀到底是被故意藏起来的，还是不小心掉在缝隙内的，但警方还是将这把刀送到了犯罪鉴识实验室进行检验。与此同时，警方再次将维基丢失的钱包交到犯罪鉴识实验室进行检验。在检验钱包的时候，鉴识专家从钱包上采集到一组 DNA 数据，这组 DNA 数据属于男性。经过比对，警方发现钱包上的 DNA 数据和彼得的 DNA 数据十分相似，但又不完全相同，专家怀疑这一组 DNA 数据可能是来自彼得的近亲。警方立即找到彼得的两个儿子，从他们那里取得了 DNA 样本。经过详细比对，警方发现彼得其中一个儿子的 DNA 和留在受害人钱包上的 DNA 完全相符。

因为维基失踪的那年，这个孩子只有三岁，所以警方断定彼得与维基的失踪有直接关系。紧接着，犯罪鉴识实验室再次传来一个好消息，实验室的工作人员从那把尖刀上采集到了维基的 DNA 数据，这个证据足以将维基失踪案和彼得联系在一起。拿到足够的证据后，警方决定立即审问彼得。在审问彼得的时候，警方发现彼得总是想要掌控问讯的节奏，尽管他是被问讯的人，但他似乎非常热衷于操控问题的发展方向，负责问话的警员不得不多次重申问题，才能将话题带回来。

在问话的时候，警方向彼得展示了那把尖刀的照片，最初彼得承认自己确实有这样一把尖刀，但当警方说这把刀可能与一起失踪案有关的时候，彼得赶紧推翻之前的回答。在问及维基的失踪时，彼得的情绪突然变得激动起来，他重点强调，他和维基的失踪没有任何关系，他根本就不认识这个女学生。尽管彼得坚持否认一切，但他前后矛盾的行为再次加重了警方对他的怀疑。

因为彼得始终坚持不认罪，所以警方决定直接起诉他。不过由于警方并没有找到维基的尸体，所以警方只能给彼得加上一个涉嫌绑架的罪名。为了能够在法庭上说服陪审团，警方又将维基遇害前最有可能遭遇的过程推演了出来。警方认为维基在广场上休息的时候，彼得上前搭讪，在闲聊了几句之后，彼得发现维基正在等车，于是谎称维基等的那辆汽车换站点了。维基对巴斯盖特并不是特别熟悉，所以她可能会向彼得问路，彼得就利用这个机会将维基带走了。绑架维基后，彼得甚至将维基的钱包当成玩具，丢给他那年仅三岁的孩子，这也是警方为何能够在维基的钱包上找到彼得儿子DNA 信息的原因。然而，警方还需要找到维基的尸体，可彼得拒绝与警方合作，所以相关调查再次陷入停滞。

在巴斯盖特警方努力侦办案件的同时，另外一个警队发现彼得还和 18 岁的失踪少女蒂娜 · 麦克里克尔一案有关。警方的调查结果显示，蒂娜失踪前曾和朋友一起前往利普胡克镇参加音乐节。在这个过程中，蒂娜认识了一个男孩，两个人交谈得很愉快，当时蒂娜还是单身，所以她准备和这个男孩交个朋友。音乐节结束后，蒂娜的朋友起身返程，蒂娜则和这个男孩一起在音乐节的场地外宿营，第二天两个人结伴回家。

因为他们身上都没有带钱，所以准备搭顺风车。搭上顺风车后，蒂娜认识的那个男孩先一步下车，在和蒂娜告别之后，蒂娜就彻底失踪了。自此之后，再也没有人看到过蒂娜。警方也组织了一场大型搜救行动，但人们一直没有找到蒂娜的行踪。警方发现在蒂娜失踪后，有人使用过她的银行卡。虽然知道有人用了蒂娜的银行卡，但当时的刑侦技术比较落后，警方并不能凭借取款记录锁定取款人的位置。直到案发16年后，负责侦办彼得一案的探员才凭借着最新的科技锁定了彼得，但警方只能确认彼得曾在取钱地点附近待过，并不能确定取钱的人就是彼得。

1991年后，彼得搬到了另一个地方定居。此时，彼得表现得和正常人完全相同，他为人热情又大方，所以很讨周围邻居的喜欢。每当夏天来临的时候，邻居们都会去彼得家门口闲聊，大家一起纳凉谈天，日子过得非常舒心。2007年，警方在走访曾经和彼得相处过的邻居时，有位住在彼得家旁边的邻居告诉警方一件怪事。这位邻居告诉警方，有一天天色刚亮，他从卧室里出来，发现彼得在后院里挖了一条深沟，因为这条沟实在太深，所以邻居问彼得为何要挖这种深沟，彼得说他挖沟是想给孩子们建一个沙池，但几天后这个深沟就被彼得填平了。

得知了这条线索后，警方立即封锁了彼得的旧居。封锁房屋后，警方重点搜查了这栋房子的后院，经过连续两天的挖掘，警方从花园里挖到了一具尸体。经过仔细检验，警方发现这具尸体并不是蒂娜·麦克里克尔的，而是维基·汉密尔顿的。到这时，维基失踪的谜题终于被解开了，任谁也想不到，凶手竟然会把她的尸体运到几百千米外埋掉。

虽然警方已经找到了维基的尸体，但蒂娜·麦克里克尔的下落依旧成谜。警方继续在花园里搜集证据，警方相信这栋房屋的花园里一定还藏着其他秘密。功夫不负有心人，经过整整 24 个小时的挖掘工作，警方又从花园下面找到了另外一具尸体，检验的结果证实该具尸体就是蒂娜·麦克里克尔的。

尸检报告显示蒂娜的遭遇和维基几乎完全相同，警方也根据手中掌握的证据，拼凑出了蒂娜遇害的全过程。蒂娜的朋友下车后，蒂娜独自一人和彼得同行。在行进到某个隐秘地点时，彼得突然用准备好的毛巾将蒂娜弄昏后带回家，并将其折磨致死。

2008 年 12 月，彼得·托宾再次被送上法庭，法庭判定彼得有罪，检方指控的绑架及谋杀罪罪名成立，判其两项终身监禁，且永远不得保释。至此，彼得被钉在了耻辱柱上，他将在监狱中度过余生，为自己所犯下的罪行赎罪。

【异常犯罪心理分析】

这是一起性质极其恶劣的连环奸杀案，从警方整理出来的卷宗可以看出，凶手是一个极度残忍、性格冷酷且泯灭人性的变态恶魔。一般而言，这种人是不会尊重其他人的生命的，甚至从某种程度来讲，在这种人的认知里，他并不认为活着是一件幸福又快乐的事情。从凶手的行凶过程来看，凶手的残忍暴虐程度很高。

彼得始终不愿与警方沟通，所以警方也无法得知彼得的心理动态。警方认为，彼得的童年经历只不过在某种程度上加速了他成为杀人犯的进程，他那凄惨的童年生活让他迅速走上了犯罪的道路，这也是彼得被送进少管所的主要原因。

另外，彼得在少管所里的经历可能是让他的心理进一步异常的关键，只是英国警方没有透露彼得在少管所中到底经历了哪些事情，所以不能得出很准确的结论。但彼得从少管所出去后，所犯下的罪行开始迅速升级，从这一点也能判断出，那时彼得的内心世界就已经开始失控了。

我们知道，当一个罪犯开始动手杀人的时候，他内心深处涌动的欲望已经压过了自身的理智，连环杀手更是如此。不过连环杀手比普通罪犯更加冷血，普通罪犯在犯下杀人罪之后可能会感觉到恐惧，但连环杀手反而能从杀戮中产生一种变态的快感，这种快感就是推动连环杀手继续作案的终极动力。

不过彼得并不是只为杀人而杀人，他在犯罪的时候优先获取的是性快感，从他选择的加害对象来看，他是很仇视女性的，这可能和他从小缺爱有关。不过缺爱并不会让彼得直接变成一个极度仇视女性的人，其中还要加上他隐藏在内心深处的黑暗力量。显然，彼得还是一个掌控欲望特别强的人，从他在接受警方侦讯时的表现就能看出，他喜欢主导一切。尽管那个时候，彼得已经不能掌控他的命运了，但他依旧沉浸在那种可以操控他人的幻觉中。

强大的掌控欲望和极端暴躁的脾气是彼得婚姻失败的主要原因，连续的婚姻失败又进一步加强了彼得对女性的仇视。所以彼得才会对自己的妻子实施家庭暴力，而这种家庭暴力让他的心理变得更加扭曲。当彼得开始性侵并犯下杀人罪以后，他对自己的行为慢慢失去控制。不可否认的是，每次作案后，彼得都会暂时压抑住内心深处涌动的恶念，但这种压抑早晚会再次崩溃，到那个时候，彼得就会再次犯下凶杀案，这个过程会不断循环，而且彼得停止作案的间歇期也会越来越短，一直到他被警方逮捕为止。

第十章

杀子恶魔

格拉斯哥是苏格兰规模最大的城市，虽然生活在这里的居民数量很多，但当地的治安状况相对来说还是很好的，毕竟是英国数得上的大城市。不过在1995年的时候，这座看似非常安全的城市发生了一起超乎世人想象的谋杀案。

案件发生在1995年10月，当时有一对夫妇将一个刚满两个月大的婴儿送到医院，虽然医生用尽全力抢救，但这个小生命还是抢救无效最终死亡。这个孩子名叫亚伦·詹金森，他是达伦·詹金森和弗朗西斯·詹金森的第一个孩子。因为是在医院里，院方也没有发现不正常的地方，所以亚伦的死亡最初没有引起任何人的关注，似乎这只是一场再正常不过的意外，虽然现代医疗条件已经很好了，但新生儿夭折这种事情依旧时有发生。

在警方收录的卷宗中，我们可以看到当时院方得出的诊断结果是亚伦死于呼吸衰竭。因为医院没有发觉异常，而孩子的父母看起来也都非常悲痛，所以这件事并没有惊动警方，也没有人会另有想法。直到四年后，弗朗西斯·詹金森的第二个孩子雅各布·詹金森再次离奇死亡之后，警方才介入调查，而这次调查将揭开一起因由诡异的谋杀案。现在我们将追随犯罪心理专家的脚步重新回顾整起案件。

为了能够获得更全面的线索与证词，犯罪心理专家曾亲自找到达伦·詹金森的妻子和家人，希望能够从这些人口中发现另外一个被隐藏起来的达伦。如果有可能的话，犯罪心理专家还希望能够找到达伦曾经表现出来的危险征兆，只要能够找到这些征兆，专家就有希望判断出达伦的作案动机。事实上，在类似的案件中，同最了解凶手的人对话本身就是一件非常关键的事情，如果警方想弄清楚事情的始末，想得到一个合理的结果，那就必须从最了解凶手的人那里开始调查。

正是这个原因，犯罪心理专家找到了达伦的前妻弗朗西斯，向她询问了很多与达伦有关的事情。其实找到弗朗西斯，让她回忆有关达伦的事情，对弗朗西斯来说无疑是一件沉重的事情。犯罪心理专家已经做好了被弗朗西斯拒绝的准备，但让专家没有想到的是，弗朗西斯竟然愿意沟通。在接下来的谈话中，尽管弗朗西斯表现得很平静，但犯罪心理专家依旧能够从弗朗西斯的言语中感受到那些涌动在她内心深处的强烈恨意。

弗朗西斯告诉犯罪心理专家，她和达伦在 1994 年相识，当时她和达伦都住在布莱克普尔，弗朗西斯是因为姐姐住在这里才会长时间在这个地方生活。在和达伦相识后，弗朗西斯立刻被达伦的魅力迷住了，达伦经常带着弗朗西斯逛公园，有时候还会和她一起去海边漫步。达伦和弗朗西斯的关系很融洽，所以两个人在相处了几周之后就下定决心要厮守终生。

当时，达伦已经 21 岁，而弗朗西斯才刚刚 17 岁。在一次约会的时候，达伦借着浪漫的气氛向弗朗西斯求婚，弗朗西斯当即就答应了。但犯罪心理专家了解到，那时的弗朗西斯并不是非常了解达伦，她甚至不清楚达伦的家里还有什么人，也不知道达伦家人对自己的看法。不过弗朗西斯也不在乎这些，因为这些年轻人觉得，结婚本来就是两个人之间的事情，家人和其他外围因素与这件事是没有任何关系的。就这样，被热恋冲昏了头脑的弗朗西斯和达伦订了婚，不久后，两人一起搬到了格拉斯哥定居。

可能是担心女儿上当受骗，也可能是有些不放心，所以当弗朗西斯和达伦搬到格拉斯哥后，弗朗西斯的母亲伊丽莎白 · 格雷厄姆要求这对年轻的情侣住在自己家里。追查到这里，犯罪心理专家心中有了一个疑惑，如果说弗朗西斯是被热恋冲昏了头脑，那达伦又是如何骗过伊丽莎白 · 格雷厄姆的呢？为了解开心中的疑惑，犯罪心理专家专门探访了伊丽莎白，希望能够从这位长者那里得到更加详细的信息。

伊丽莎白告诉犯罪心理专家，她说自己从一开始就很喜欢达伦，因为达伦是一个健谈且很有幽默感的男人，而且在需要安静的时候，他又能安静下来。最重要的是，达伦可以很好地融入这个关系十分紧密的家庭里，所以伊丽莎白才允许他迎娶自己的宝贝女儿。订婚的时候弗朗西斯的年纪还小，所以他们并没有举办婚礼，等到 1994 年冬天来临的时候，弗朗西斯怀孕了。1995 年春天，在一个风和日丽的日子里，达伦为弗朗西斯举办了一场规模很小的婚礼。在这场婚礼中，达伦这边没有任何一位亲眷参与，婚礼现场的亲友都是弗朗西斯的家人。

这场看似十分简陋的婚礼没有让弗朗西斯起疑，甚至连伊丽莎白也没有觉得有什么不妥当的地方，因为弗朗西斯说他的家人都在莱斯特的梅尔顿莫布雷，这个地方距离格拉斯哥有些远，所以他没有邀请家人来参加他的婚礼。婚礼举办后，一家人的心思全都被牵到了弗朗西斯肚子里的小宝宝上。怀孕的过程一直很顺利，宝宝足月出生，当时他非常健康。看起来，达伦和弗朗西斯组建的这个新家庭的一切都很完美，幸福的新生活在向他们招手，但犯罪心理专家有不同的看法。

犯罪心理专家在弗朗西斯收藏的相册中找到了孩子刚刚出生不久后照的一张相片，在这张相片中，达伦抱着孩子坐在床中间，他手拿奶瓶，看起来正在给孩子喂奶，但他与弗朗西斯的距离有些远，弗朗西斯只能坐在床边的矮凳上眼巴巴地望着达伦。

在这张照片拍摄八周之后，达伦 · 詹金森下手杀死了自己的亲生儿子。犯罪心理专家根据手中已经掌握的信息找到了达伦 · 詹金森下手行凶前显露的几个危险信号。第一，犯罪心理专家认为达伦选择闪电式结婚本身就是一个很危险的征兆，虽然闪婚看起来是一个很正常的现象，但如果结婚的某一方是不谙世事的年轻女子的话，那就必须重新考虑发起者的真实目的了。因为整个过程过于快速，所以弗朗西斯根本没有机会看出达伦的真实目的，而这也为之后发生的事情埋下了伏笔。第二，在之前与弗朗西斯进行的谈话中，犯罪心理专家掌握到了另外一个关键点，据弗朗西斯回忆，当他和达伦相恋后，达伦经常黏在她身边，既不外出工作，也不做其他男人都喜欢做的事情，他就是热衷于待在弗朗西斯身边，而弗朗西斯一直都以为这只不过是达伦爱她的表现。在犯罪心理专家看来，达伦的这种行径就是第二个危险信号。

为了能够彻底弄清楚达伦到底有多痴迷与弗朗西斯待在一起的感觉，犯罪心理专家找到了弗朗西斯的姐姐宝琳，向宝琳求证了一些事情。宝琳告诉犯罪心理专家，她说自己其实也察觉到了一些异常，但她并不知道这种异常竟然会诱发如此严重的恐怖后果。

当时，弗朗西斯经常会去姐姐宝琳那里玩，一旦弗朗西斯出门，达伦就会紧随其后。面对宝琳和弗朗西斯的疑问，达伦总是以想要确保弗朗西斯的安全和想看看她去做什么为由搪塞过去。尽管达伦将他的跟踪行为粉饰成对弗朗西斯的关心，但实际上达伦只有一个目的，那就是他想竭尽一切可能去控制弗朗西斯。这些证据显示，在这个新组建的家庭里，达伦一直渴望弗朗西斯只属于他一个人，那么，他们之间的关系又该如何发展呢？

案情查到这里，犯罪心理专家心里已经有了一种推测。犯罪心理专家认为，之后发生的杀子事件，其实很可能是源于达伦的变态控制欲望，他很可能是为了同新生婴儿争夺弗朗西斯的关注而痛下杀手。另外，犯罪心理专家还发现了一个异常情况，那就是在妻子弗朗西斯怀孕后，达伦开始频繁出入医院，有时候他是帮妻子问一些问题，有时候他则谎称自己生病了。因为达伦出入医院过于频繁，所以医院里的医生和护士都记住了他的名字，到后来就连弗朗西斯都认为达伦可能患有疑病症，但实际上达伦并没有患上这种病，他去医院的目的只不过是想要从医生那里获取关注。

渐渐地，被医生关注已经不能让达伦满足了，为了能够获得更加强烈的关注，达伦开始刻意制造一些事故。有一次，怀孕的弗朗西斯和姐姐一起外出散步，毕竟在孕期内，适当的运动是很有必要的，但她出门才几分钟的时间，达伦就给她打了一个电话说家里失火了，虽然他已经叫了消防队，但他还是希望弗朗西斯可以尽快赶回来。消防队在把明火扑灭后，开始找寻起火原因，最后消防人员认为，房屋起火是因为有一个烟头在沙发上，而这个烟头就是火源。

弗朗西斯家只有达伦一个人抽烟，但他表示起火的时候他正在外面遛狗，但如果不是他制造的，那烟头又是从何而来？警方无法证明火灾就是达伦制造的，这件事儿也就不了了之了，但在警方记录的卷宗中，达伦的身影还曾出现在数场不同的火灾中，不过在这些火灾中，达伦扮演的都是发现者或救火者。在警方看来，正是因为有了达伦，这几次火灾才没有造成大的损失，所以达伦一直都享有救火英雄的美誉。但在犯罪心理专家看来，达伦显然和这些火灾有直接关系，而蓄意纵火是一个非常危险的信号，这种行为意味着达伦内心深处的那种渴望被人关注的欲望已经达到了极度危险的程度。

这次火灾发生不久后，达伦的第一个儿子亚伦出生了，亚伦刚出生的时候，一家人的生活过得很温馨，达伦也没有表现出任何异常，或者说弗朗西斯没有察觉到任何问题，即便是在现在，弗朗西斯依旧非常怀念那段幸福时光。但这种幸福时光只维持了四周，四周后小亚伦的身体开始出现问题，在第五周的时候，小亚伦开始表现出呼吸困难的症状。第五周周末，小亚伦第一次出现严重的呼吸困难。那天晚上是达伦起床负责喂孩子，但没多久他就冲回卧室对弗朗西斯说，孩子已经没有呼吸了。小亚伦就在达伦的怀里，但脸色铁青，弗朗西斯过来查看情况的时候，小亚伦已经没有知觉了。

弗朗西斯赶忙和达伦一起去了医院。医生立刻对小亚伦进行抢救，整个抢救流程持续了 5 天。在这 5 天里，弗朗西斯和亚伦前后奔波，他们希望医生能够救回小亚伦，经过连续多天的抢救，小亚伦终于恢复了正常。出院后的前几天，小亚伦表现得都很正常，但一到周末，他就会因为呼吸困难而被送到医院进行抢救。

这种情况一共持续了整整三周，每次发现异常的人都是达伦，报警的人也是他。虽然在医院里达伦的表现很正常，但据弗朗西斯回忆，当时达伦似乎对警报声很感兴趣，一旦救护车到来，达伦就会变得有些兴奋。而且达伦似乎一点也不担心小亚伦的状况，只留弗朗西斯一个人在车厢内陪着儿子。

最开始，弗朗西斯的全部心思都系在小亚伦身上，她没时间注意达伦的异常，现在想来达伦当时的表现确实很可疑。弗朗西斯从未见过有这样的父亲，在自己的儿子有生命危险的时候，身为父亲的达伦竟然会很轻松地同救护车司机聊天。在犯罪心理专家看来，达伦表现出来的兴奋状态其实也是一个危险信号，这个危险信号反复出现了三次，但都被大家忽略了，因为大家都在竭尽全力抢救小亚伦的生命。直到第四次，达伦似乎厌倦了这种循环，他按照惯例，在周五晚上给小亚伦换完尿布后，再次动手捂住了孩子的口鼻。

这一次下手很重，所以在救护车到来之前，小亚伦就已经失去生命体征了。这个时候，达伦再次站出来，他开始给小亚伦做人工呼吸。在抢救小亚伦的时候，达伦的动作机械又冷静。随后赶到的医护人员还赞扬了达伦，说他的举动可能会挽救小亚伦的生命，但这一次小亚伦难逃厄运。

最终，只有八周大的亚伦 · 詹金森离开了人世。因为医生从来没有想到行凶的人会是孩子的亲生父亲，所以亚伦的死亡证明书上写的是死于先天性心脏病。正是因为医院的这一重大失误，达伦才逃过了法律制裁。随即，达伦又开始扮演起悲痛父亲的角色，他亲自给亚伦写了很多饱含深情的悼念词，但这些悼念词在犯罪心理专家眼中展现的却是另外一回事。

在犯罪心理专家看来，这些悼念词一直都是以第一人称写就的，达伦以这样的形式多次在文章中展现自己，虽然这只是犯罪心理专家的推断，但事实证明，达伦就是这样的人。总之，这些文章将达伦内心深处潜藏着的控制欲、操纵欲及欺诈、虚伪、善变的本质展现得淋漓尽致。

给亚伦办过后事之后，弗朗西斯和达伦决定离开这座让他们感到悲伤的城市，他们决定去其他地方重新开始。夫妻二人南下诺丁汉，去了达伦 · 詹金森的故乡——梅尔顿莫布雷开始新的生活。不得不说，换一个新的环境确实可以让人的心情发生变化，随着时间的流逝，弗朗西斯慢慢恢复过来，并在一个养老院找了一份工作。

在这个时候，弗朗西斯隐约察觉到了一些异常，但她不敢相信这一切都是达伦做的。在诺丁汉居住的日子里，弗朗西斯也曾试着同达伦讨论那些萦绕在她心头的疑惑，她想弄清楚小亚伦为何总在周五出现异常，而其他日子都没事，为什么小亚伦出现异常的时候总是达伦在他身边。但达伦总是将问题推到死亡证明书上，他会用医生得出的结果来反问弗朗西斯，并着重强调小亚伦和他之间的关系。面对达伦的逼问，弗朗西斯给不出答案，所以事情也就不了了之了。

达伦为了彻底打消弗朗西斯的怀疑，决定说服弗朗西斯再要一个孩子。弗朗西斯在达伦的言语攻势下，开始进行生育治疗，没过多久，弗朗西斯就再一次怀孕了。1998 年，弗朗西斯和达伦重新回到格拉斯哥，因为达伦的第二个孩子快要出生了。1999 年 8 月，达伦·詹金森再次成为人父，弗朗西斯给他生下了第二个儿子——雅各布。

一开始，达伦表现得和任何一个刚做父亲的人一样，他非常疼爱新生的婴儿和婴儿的母亲。从医院回家之后，达伦也很正常，但只过了不到一周的时间，噩梦再次上演。很快，只有三周大的雅各布被送到医院，但医生一直查不出任何问题。三天后，情况好转的雅各布出院了，但很快雅各布又因窒息而被送到医院。发生在小亚伦身上的事情即将在雅各布身上重演。短短三周内，雅各布被达伦袭击了三次，每次把雅各布弄到窒息后，达伦就会主动拨通医院的急救电话。

最后，雅各布在达伦自导自演的变态行为中离开了人世，他死去的时候才只有四周大。可能是因为上次成功逃过法律制裁的原因，这次达伦似乎不愿意再扮演悲伤的父亲，他在雅各布去世后，直接去医院楼下的餐厅里点了很多菜品，然后坐在医院大厅里吃得不亦乐乎。达伦甚至叼着烟卷站在弗朗西斯和家人面前大发牢骚。在英国，每个新生儿出生，政府都会按月发放福利，现在雅各布不幸离世，所以达伦也就不能再去政府部门领这笔钱了。因此，达伦大声咒骂雅各布，指责雅各布不该死这样早。

这一次，达伦的行为让大家感到疑惑，医护人员开始留意达伦一家，并且从医院的档案中发现达伦的第一个孩子小亚伦也是因窒息而夭折，察觉到事情不对劲的医护人员决定报警。警方接到报警后立刻展开了相关调查。调查工作刚一开始，有经验的警探就断定小亚伦和雅各布并非自然死亡，他们很可能是被人谋杀的。只是当初医院将小亚伦的死亡原因判断为先天性心脏病，所以警方无法直接利用相关证据逮捕达伦。

为了查清事情的始末，警方决定对雅各布进行验尸。因为警方手中掌握的证据都是间接证据，显然无法打赢官司，不过不可否认的是，达伦是两个孩子窒息时唯一在场的人。只要警方掌握足够充分的证据，就能坐实达伦的罪行。在搜集罪证的同时，警方传唤了达伦。

在问讯刚开始的时候，达伦非常配合，但他一直没有向警方提供任何有用的信息，直到半个小时后，警方开诚布公地问他是否对警方有所隐瞒，达伦才开始低头认罪。犯罪心理专家认为，达伦之所以会如此干脆地向警方承认罪行，主要是因为他错误估计了当时的形势。达伦可能认为警方找他只是了解一下情况，完全没有想到警方已经开始怀疑他了。因此，当警方开诚布公的时候，达伦一下子惊住了，即便如此，他依旧要掌控最后的局面。

达伦用非常平静、冷淡的口吻向警方讲述了他行凶作案的全过程，原来达伦在每周五晚上照看小宝贝的时候都会把婴儿的围嘴套在孩子的口鼻处，让孩子们因为吸不到空气而窒息。达伦就是用这种方法谋杀了两个孩子，他的行为也彻底引起了公愤，就连达伦的妻子弗朗西斯都不愿原谅他，弗朗西斯曾公开表示，希望法庭能够判处达伦死刑。

在认罪后的第二天，达伦又拒不认罪，虽然警方将他关押起来，但达伦坚称自己是被逼的。达伦还开始用谎言来骗取妻子弗朗西斯和家人们的信任。达伦深知弗朗西斯是一个富有同情心的人，所以他一直都通过电话和书信的方式来联络弗朗西斯，如果弗朗西斯要来监狱探望他，达伦还会故意装扮成很憔悴的样子来博取同情。就这样经过 7 个月的时间，达伦终于再次说服了弗朗西斯。在赢得了弗朗西斯的信任后，达伦也被警方暂时放了出来。

在被送上法庭之前，达伦可以回到家里同弗朗西斯一起生活。2001 年，达伦 · 詹金森被送上法庭，在诉讼进入第三周的时候，检方准备在法庭上播放达伦在接受警方询问时留下来的录音。当这份录音被公开播放后，达伦终于低下了头颅，他公开承认了自己的罪行，但并没有任何悔过之心，他甚至试图用认罪来同检方达成协议，希望检方可以减轻刑罚。

最后，达伦·詹金森还为自己辩护。这次，达伦再次改变策略，他向法官及陪审团陈述，说自己之所以会杀死亲生孩子，完全是因为他那悲惨的童年遭遇，为了不让孩子们重蹈自己的覆辙，达伦才萌生出杀死孩子们的想法。达伦说他从小就被自己的父亲虐待，所以他才会动手虐待自己的孩子。法官发现达伦·詹金森在年幼的时候确实受过虐待，但这真的就是使他连续两次杀死自己亲生孩子的原因吗？

2001 年 9 月，陪审团离席商议。最后，陪审团还是不愿意接受达伦·詹金森的说法，达伦被判有罪，检方指控的两项谋杀罪及五项谋杀未遂罪全部成立，达伦·詹金森被判终身监禁，且永远不得保释。

【异常犯罪心理分析】

这是一场超乎世人想象的残忍谋杀案，虽然达伦·詹金森在杀死孩子们的时候并没有用很血腥的手段，但他的行为无疑是极度残忍的。让我们从头来看一下达伦的心路历程，探究一下他到底为何会做出这种惨无人道、蔑视人伦的变态暴行。

我们从达伦和弗朗西斯的恋情开始分析。事实上，在这场旋风般的恋爱关系中，弗朗西斯几乎没时间仔细观察达伦，她也从未发现达伦其实与这个家庭保持着一种疏离的态势。很显然，达伦之所以会选择闪电式结婚，他的真实目的其实是得到妻子的全部关注。这一点其实很好理解，对一个没有谈过恋爱的年轻女孩来说，突然出现的恋情让她彻底沉迷，她的所有关注点都会放在自己的恋爱对象身上，而这种关注正是达伦所渴求的。除了渴望被妻子弗朗西斯关注，达伦还试图控制妻子，这种控制表现在多个方面。比如，他曾寸步不离地跟在弗朗西斯身后，也曾试图以掌控新生宝宝的行为来控制妻子的情感。

最重要的是，达伦的这两种欲望都会以非常快的速度增长，在这两种欲望超出他的控制范围后，他就会做出变态行径，杀子只是他想要继续获得这两种欲望的条件。我们可以顺着达伦与弗朗西斯结婚前后的时间线来观察这两种欲望的递增速率。最开始的时候，达伦只是想要得到女友弗朗西斯的关注，他只是尽可能地多和弗朗西斯见几次面罢了。但短短数周之后，达伦就不再满足，他迅速向弗朗西斯求婚，然后他就可以光明正大地跟在弗朗西斯身后，换另外一种形式来满足自身的变态需求。

在弗朗西斯怀孕之后，达伦渴求被人关注的变态欲望再度疯长。不过在这个时候，达伦找到了另外一个可以让他获得他人关注的渠道。事实上，达伦之所以频繁出入医院就是为了得到医生们的关注。因为有医生们的关注，达伦的变态欲望才暂时得到满足。但很快达伦就和医生们混熟了，所以这种被医生们关注的感觉无法再让他感到满足。

这时候，达伦内心深处的变态欲望再次膨胀，他开始动手纵火。此时的他不再顾及他人的生命安全和财产安全，他通过扮演救火英雄来获取他人的关注。通常来说，连环杀手一般都会表现出三个危险特征，其中一个就是纵火。也就是说，在这个时候达伦的危险程度已经飞速拔高，他随时都会犯下更加残忍无情的凶残案件。

在犯罪心理学中，有一种特别的虐童行为被称为“孟乔森综合征”。简单来讲，如果孩子在没有任何疾病的情况下表现出某些症状，而这些症状又是由父母引起的，就是“孟乔森综合征”。不过这种心理学理念一直都饱受争议，因为人们都不愿相信父母会对孩子做出这种事情。

但事实上，这种事情是真实存在的。有些父母甚至故意让孩子生病，这样他们就能引起医护人员的关注，而医护人员会和家长谈论一些与孩子有关的问题，随着谈话问题不断深入，所有人对这件事的关注度都会不断加强。更关键的是，为了持续获得关注，这些人会一直虐待儿童。显然，达伦·詹金森就是这种人。

另外，达伦还是一个有说服力、具备娴熟说谎技巧和很强操控力的人，在他的言语攻势下，弗朗西斯才会决定放下过往同他一起开始新的生活。在达伦认罪之后，弗朗西斯又一次被达伦的言语说服,从这些事情可以看出达伦是一个非常善于利用谎言的人。最后，达伦甚至将一切过错都归结到他的童年经历和他的父亲身上。但达伦的童年经历并不能解释一切，或许达伦对孩子们行凶确实有这方面的因素，但这也只能进一步证明达伦是一个自私自利且有着超强控制欲望的人。

达伦杀死自己亲生孩子的终极原因其实是他那些潜藏在内心深处的变态控制欲望和极度渴望被人关注的扭曲欲望。至于达伦童年时期遭受的不公平待遇，从某种程度上来讲，只能起到很微小的作用，并不能主导达伦的行为，也不能让达伦做出杀子的变态行径。

第十一章

绝情杀手

在英格兰南部海岸有一个叫伯恩茅斯的小镇，镇东侧是一片蜿蜒的海滩。因为这片海滩上的风景很不错，所以周边居民都愿意来这里玩，甚至有些生活在其他城市的居民也会乘兴来到这座小镇游玩。虽说前来游玩的游客并不是很多，但这些游客还是让这个并不是很发达的小镇变得富裕起来。因为物质生活条件还算不错，小镇上的常住居民也都很和善，所以生活在这座小镇上的居民一直过着平静又安乐的生活。

幸福安乐的日子总是短暂的，不幸的事情随时都有可能会发生。2002 年 11 月，家住伯恩茅斯镇郊区的海德 · 本特纳正在家里忙着赶制窗帘，她是一个心灵手巧的女性，虽然已经 48 岁了，但她的精神依旧很健旺，而且她缝制的窗帘和抱枕做工精美，所以她总能接到订单，而这些订单就是她维持生计并养育两个孩子的主要经济来源。在工作的时候，海德喜欢放一些轻音乐，她觉得听着这些轻音乐能够让自己变得更开心，这样制作出来的抱枕也更美观。

海德总是对生活抱有美好的憧憬，尽管她曾经历过失败的婚姻，但这并未让她感到沮丧，毕竟孩子们都很可爱，也很爱她。这天清晨，海德正在缝纫机旁工作，突然一阵急促的敲门声打乱了她的节奏，海德以为是某位邻居或客户，没有多想就起身前去开门。打开房门之后，门前站着的男子虽然头戴兜帽，但海德似乎认识他，寒暄了两句，海德便把这名男子让进房间。她并没有注意到，这名男子戴了一个口罩，手里还提了一个黑色的袋子。

海德一边给男子说自己的工作进度，一边解释自己最快什么时候能完工。从海德的言谈来看，这个男子可能是海德的一个客户，所以海德直接引着男子去了最里面的房间，想要给男子展示一下她手中的样品。海德一边说一边领着男子往里边走，她没有注意到，这个男子从头到尾都没有说一句话。在海德往前引路的时候，男子悄悄将放在身侧的袋子拉到身前，然后从里面掏出了一把铁榔头。等海德走进工作间转头看向男子的一瞬间，男子高举铁榔头，朝着海德的头狠狠地来了一记重击，海德立即摔倒在地生死不明。

从警方手中掌握的信息推断，海德当场死亡。杀死海德之后，凶手还不罢休，他把海德的尸体进行了分解，因为凶手的手段过于残忍血腥，所以英国警方始终没有对外界公开受害人的惨况。但从这一点来看，凶手显然不是一般的杀手。

案发下午 4 点 30 分左右，海德家的两个孩子放学回家，哥哥泰瑞先进门，他直接回到了自己的房间，妹妹凯特琳则去找妈妈。凯特琳先去了海德的工作间，然后去了厨房，最后检查了卧室，但她并没有看到妈妈的身影。这个时候，凯特琳隐隐感觉到异常，因为每天下午四五点钟的时候，海德都不会离开家，因为她知道孩子们会在这个时候回家。凯特琳同哥哥泰瑞说了心中的疑惑，但泰瑞也不知因由。现在只剩下浴室没有检查了，凯特琳觉得母亲可能就在那里，她一边轻声叫着妈妈一边走过去推开浴室的房门。

浴室的房门被推开后，凯特琳看到了躺在地板上的海德，她一动不动周身都是鲜血。年幼的凯特琳不知道发生了什么事情，她只能叫来哥哥泰瑞，希望泰瑞能够救醒母亲。泰瑞看到躺在地上的母亲后，立刻意识到问题的严重性，他急忙拨通了报警电话。因为泰瑞还没有成年，所以他在报警的时候着重强调自己并不是在开玩笑。报警之后，泰瑞立刻带着凯特琳跑到房屋外的空地上大声求救，凯特琳的尖叫声引来了周围的邻居，邻居们虽然也懂一点急救知识，但海德已经丧命多时，邻居们也没有任何办法。

警方赶到案发现场，海德家暂时被警方封锁起来。一般来说，在某个地区发生命案后，警方都会尽快对外界公布一些有关案情的详细信息，这样公众就不会因为猜测而惹出其他事端。但这一次警方始终没有对外界公布任何信息，就连消息灵通的各大报社都不知道案情细节，他们只知道受害人是一位离异的中年女性，而且这位母亲还有两个未成年的孩子。第二天一大早，头版上用黑色铅体字写着“母亲之死”的报刊就在伯恩茅斯镇流传开来。通过这篇文章，伯恩茅斯镇的居民都知道了海德被害一案。

在后续的调查工作中，警方为了稳住人心，也曾向外界透露一些与凶案有关的信息，但隐瞒了其中最关键的一条信息——凶手在犯罪现场留下了一个非常独特的标记。一般而言，犯罪标记的出现意味着凶手极有可能是一名连环杀手，所以当地警方立即向上级报备，让上级调派有经验的警探前来处理这起凶案。

高级警探杰兹·诺伊斯被领导派来负责调查这起案件。据杰兹回忆，当他接手调查时立刻意识到这起凶案应该是一起连环案件中的某一环。因为在受害人的右手手心，警方发现了一小撮头发。凶手把受害人握着头发的右手放在其腹部，看起来应该是凶手有意为之。另外，在受害人的左手下面，警方还发现了一小束头发，这一小束头发被受害人的左手压在地板上。后来经犯罪鉴识实验室检查，被压在左手下面的那一小束头发来自受害人海德，但右手手心的一小束头发的来源无从判别。不过，因为这一小束头发的两端都被剪得很齐，所以警方推测这一小束头发应该是被理发师剪过的发束，但警方暂时还想不出这种东西为何会出现在案发现场。这一小束头发的出现让警方变得更加谨慎，他们仔细检查案发现场，希望能够找到其他有用的线索。

警方除了搜集罪证寻找线索，还要想办法弄清楚凶手为何要在案发现场留下两束头发，而且其中一束头发还是来自不知名的地方。虽然警方知道这种行为是凶手的作案特征，但凶手这样做的意义何在？凶手又为何要把海德的头发也剪下一束，并将其放到她的左手下？

与此同时，取证人员也从犯罪现场采集到一些罪证，比如凶手曾穿着沾血的鞋子在案发现场走动，但这些沾血的鞋印到房门口附近就消失了。又因为凶手曾用很凶残的手段肢解受害人的尸体，所以凶手身上一定沾有血迹，从凶手留在案发现场的鞋印判断，凶手很可能是在案发现场将沾有血迹的衣物脱掉，然后换上自己带来的干净衣物离开的。

另外，警方判断凶手应该带了一把锤子，因为受害人头部有被锤子重击后留下的伤痕。从受害人被肢解部位的伤口来看，凶手应该还带了一把解剖刀。从综合的信息来看，凶手应该是一个非常谨慎且很有计划的杀手，他可以有条不紊地按照计划实施犯罪过程，所以警方几乎不可能在短时间内将凶案侦破，他们必须做好打持久战的心理准备。

暂时还没有线索，警方只能按照处理凶杀案的流程展开相关调查。警方在受害人居住的街区内进行走访调查，他们希望能够找到目击者。警方最先调查的是住在海德家对面的意大利籍居民丹尼路·莱斯提伍，在问询的时候，有一名警员注意到丹尼路家的洗衣盆里泡着一双沾血的白鞋，因为丹尼路不能解释鞋子上的血迹来自哪里，所以警方暂时将他列入了嫌疑人名单，不过随后丹尼路向警方提供了明确的不在场证明。

丹尼路告诉警方，案发当天，他在另一个小镇的培训中心学习计算机。警方经过核实，发现丹尼路所说的那家培训中心在某小镇，随后丹尼路又向警方出示了他的车票，乘车时间在上午 9 点钟左右，而这个时间段就是受害人遇害的时间。因为时间有冲突，所以警方认为丹尼路不可能是凶手，而且犯罪鉴识实验室在比对过鞋印后，也得出了鞋印不符的结论，丹尼路的嫌疑暂时被排除了。

此后，警方就没有过多关注丹尼路。数月后，警方在检查受害人的电脑时，在电脑硬盘中发现了一封邮件，在这封邮件中，海德告诉丹尼路，因为最近手头的事情比较多，所以她可能不能按时缝制好丹尼路预订的窗帘了。警方认为丹尼路在海德遇害之前去过她家，根据那封邮件的发送时间来看，丹尼路去受害人房屋的时间就在受害人遇害的前两天，也就是说，丹尼路很可能是海德生前见过的最后一个客户。

警方再次怀疑起丹尼路，但这一次警方没有轻举妄动。警方找到了海德的姐姐莫丽尔，从她那里了解到一些信息。莫丽尔告诉警方，她之前就认识丹尼路，因为丹尼路是意大利人，但英文说得很好，所以莫丽尔对他的印象很深，再加上丹尼路是海德的邻居和客户，所以莫丽尔和丹尼路见过面。在海德遇害的前一天，海德在打给莫丽尔的电话中提到过丹尼路。如此说来，丹尼路确实和海德之间存在联系，警方认为海德的死可能与丹尼路有关。

不过，警方并不能通过这些证据证明丹尼路有罪，也不能直接逮捕丹尼路，为了搞清楚事情真相，警方决定悄悄调查丹尼路的履历。英国警方调派了两名资深探员前往意大利南部巴斯利卡塔波坦察小镇。波坦察是一座比较封闭的古老小镇，在这座小镇里生活着 6 万余口居民。这座小镇并不出名，所以很少有游客来这里游玩。

两名英国警探来到这座小镇之后立即和镇上的警署取得联系，经过沟通交流，两名警探发现这座小镇上发生过一起悬而未决的失踪案。失踪者是一名年仅 16 岁的年轻女孩，她的名字叫伊莉莎 · 克莱普斯，已经失踪了近 10 年。两名英国警探觉得这起失踪案可能和他们追查的案子有关，于是在双方的协调之下，意大利警方同意向英国警方公开相关案情。

案件发生在 1993 年，伊莉莎凭空失踪。家人报案后，警方立刻展开调查，最后警方追查到圣复活教堂，伊莉莎就是在这个地方失踪的。在后续的走访调查中，有目击者看到伊莉莎失踪前和丹尼路·莱斯提伍待在一起。据伊莉莎的家人所言，伊莉莎是一个性格天真烂漫的女孩，她很善良，一直都愿意相信这个世界上的人都是好人。

家人们还告诉警方，丹尼路在追求伊莉莎，就在伊莉莎失踪的这一年夏天，丹尼路向伊莉莎表达了他的爱慕之情。当时，丹尼路只有 21 岁，样貌也还算过得去，他在小镇上学习做一名牙医，成绩虽然不算太好，但牙医这份职业还是很不错的。而且丹尼路家境优渥，他的父亲是波坦察镇国立图书馆主管，是一个有头有脸的人物。不过伊莉莎已经有了男朋友，她对丹尼路也不是很感兴趣，所以她拒绝了丹尼路，但丹尼路并不愿意就此放弃。

据警方了解，丹尼路家和当地有权势的教会组织之间有着很密切的关系，主管圣复活教堂的米米·撒比亚神父经常以亲友的身份出席丹尼路一家举办的家庭派对。也就是说，丹尼路从小到大可能很少有被他人拒绝的机会，那么他会不会因为伊莉莎的拒绝而产生其他想法呢？事实上，丹尼路被拒绝后依旧不愿善罢甘休，他反复纠缠伊莉莎。无奈之下，伊莉莎只能答应同丹尼路见一面，伊莉莎想借着这个私下会面的机会向丹尼路彻底摊牌，但她并不知道丹尼路是一个怎样的人。

当天离家的时候，伊莉莎曾和父母说了自己的去向，她告诉家人，她和丹尼路约在圣复活教堂门前会面。但伊莉莎离家之后就再也没有回家，警方接到报案后重点调查过丹尼路，丹尼路也一直很配合警方的调查工作。他告诉警方，当天他确实和伊莉莎见过面，两人还在教堂里面聊了一会儿，但他因为一些杂事先行离开了。

在伊莉莎失踪当天，伊莉莎的哥哥去教堂找过伊莉莎。当时教堂的房门紧紧锁着，伊莉莎的哥哥很担心伊莉莎的安危，但他找不到神父，他和教堂的其他工作人员说明来意，让工作人员帮忙打开了教堂大门。进入教堂之后，伊莉莎的哥哥直奔教堂最中间的圣坛，他知道这儿有一个楼梯能够通往楼上，但楼梯外面也有一扇紧锁的大门，这扇大门只有神父才能打开。

伊莉莎的哥哥冲着这扇紧闭的大门大声呼喊，但里面没有任何声响。伊莉莎的哥哥找到丹尼路的电话，拨通电话后，伊莉莎的哥哥开始追问伊莉莎的下落，但丹尼路顾左右而言他，虽然没有什么证据，但伊莉莎的哥哥认定丹尼路知道一些事情，他一直在撒谎或者隐瞒什么。所以在报警后，伊莉莎的哥哥就把自己所怀疑的转告给了当地警方。案件开始调查后，警方便把丹尼路叫到了警署进行问话。

在问话的时候，警方发现丹尼路的手受伤了。丹尼路解释说手是他自己不小心弄伤的，他从建造了一半的自动扶梯上摔了下来，手被扶梯割伤了。但警方明显不相信这一解释，只是找不到确凿的证据。丹尼路坚称伊莉莎的失踪和他没有一点关系，警方也不能直接将丹尼路定上罪名。

在后续的问询中，丹尼路说伊莉莎曾告诉他，她早就想离开这个小镇了，但一直没有机会，伊莉莎最想去的城市是那不勒斯这样的大城市。在整个问话的过程中，丹尼路的表现十分镇定，他一直强调是他先行离开，并且在离开之前，伊莉莎还是好端端的。警方无法从丹尼路的言行中找到漏洞，只能将他释放。

十年的时间匆匆流逝，丹尼路也从一个青葱少年变成了一个身体肥胖又不修边幅的油腻男人。在 2002 年丹尼路搬到伯恩茅斯之前，警方根本不清楚他到底去了哪里，也不清楚他都做了哪些事情。警方唯一知道的是丹尼路在 2002 年来到伯恩茅斯，并且同一个名为费亚玛 · 马桑阁的意大利籍女子建立了夫妻关系。据警方了解，这个女人是在网络上和丹尼路相识的，两个人也是在网上成婚的。

2002 年，丹尼路来到伯恩茅斯找费亚玛 · 马桑阁继续完成他们的网络婚姻。费亚玛接受了丹尼路，两人开始了同居生活，至此丹尼路才在伯恩茅斯定居下来，而他和费亚玛住的地方就在受害人海德家对面。在了解了丹尼路的过去之后，警方已经认定丹尼路就是海德被害案中的头号嫌疑人。只是警方没有证据能够证明丹尼路涉嫌凶杀，所以警方必须先找到对丹尼路不利的证据才行。

警探们认为，如果想要证明丹尼路和海德被害一案有关，就必须想办法证明丹尼路提供的不在场证明是伪造的，只要能够证明这一点，警方就有理由将丹尼路带到警局进行相关调查。丹尼路说案发时，他在计算机培训中心，但在写这一栏的时候，丹尼路有过涂改痕迹，所以警方认为丹尼路可能撒了谎。丹尼路购买的车票证明他乘坐的是上午 8 点 44 分发车的大巴，但位于海德家附近交叉路口处的监控录像记录了另外一番情形。

监控录像显示，在上午 9 点 25 分的时候，一个身穿帽衫的男子横穿马路向着汽车站走去。因为这个男人一直戴着兜帽，所以警方无法从监控视频中判断出这个男人的身份，但如果这个男人就是丹尼路，那警方就能彻底推翻丹尼路提供的不在场证明。

警方认为有一种可能，那就是丹尼路可能确实在 8 点 44 分的时候搭乘了大巴，但他会不会在下一个站点就下车，然后返回住处拿工具并最终犯下杀人案呢？警方认为出现这种情况的可能性极高。警方决定监视丹尼路的行踪，并且安排专业人员在丹尼路的家里和车子里装上了监听器，希望能通过这种方法找到丹尼路犯案的确凿证据。

丹尼路不知道警方监听了他的一举一动，所以警方决定给他下一个圈套。警方知道丹尼路并不清楚他们已经调查了他的履历，那么如果警方突然将丹尼路涉嫌伊莉莎失踪一案的消息公之于众，丹尼路会有怎样的表现呢？想到这个方法之后，警方立即找到媒体，让媒体播报了一条与海德一案有关的最新消息。在这则新闻资讯中，记者着重强调了海德一案的进展，言称英国警方已经追查至意大利，并且案件马上就会取得突破性的进展。这则新闻见报后，警方开始密切监视丹尼路的言行。

在和妻子费亚玛闲聊的时候，丹尼路提到了报纸上记述的内容，但他的表现很正常，警方并没有找到明显的线索或漏洞。这样说来，警方是不是搞错了，丹尼路会不会真的是无辜的？就在警方存疑的时候，监控丹尼路的摄像头记录下了一条关键线索。在伯恩茅斯东北部有一块风景优美的草地，这里是当地居民闲逛的好去处。但夏季的阳光很燥热，所以太阳高高升起之后，这块草地上就没有行人了。

监视丹尼路的警探发现，丹尼路在烈日当头的时候突然去了这个地方，警探们用可伸缩的摄像机将丹尼路的一举一动全部记录了下来。随后，警方发现丹尼路到这里并不是来游玩的，他其实是在跟踪一位身穿粉色上衣的女子。当这名女子从小路上走过的时候，丹尼路赶紧躲进一旁的灌木丛中，等女子离开之后，丹尼路才走出灌木丛，然后望着女子的背影出神。

警方认为，丹尼路正在为下一场杀戮做准备，他正在踩点，并且根据地形计划谋杀步骤。丹尼路不知道自己的一言一行都被警方监视着，所以警方反而希望丹尼路尽快做出一些出格的事情，这样警方就有理由将他逮捕归案了。在监视丹尼路的时候，警方还录到了他躲到车后面更换衣物的情况。这种情况刚好和警方之前的推测不谋而合，警方更加相信丹尼路就是他们要找的人了。

因为警方不愿意过早暴露自己，所以安排了几名交警赶过去进行例行检查，交警们以正在追查一起车辆盗窃案为由询问了待在路边隐蔽地带的丹尼路。丹尼路很镇定地说他养了一只蜥蜴，他正在这里帮宠物寻找一些昆虫。交警们借故检查了丹尼路携带的黑色布袋，他们在布袋里发现了一把刀、两把剪刀、一双厚手套以及一顶帽子。看到这些证据时，警方本想将丹尼路直接逮捕，但因为缺乏确凿的罪证，所以放弃了这一想法。

丹尼路回家之后，警方继续监视他的言行。这一次，警方终于从监听器中听到了一条关键线索，原来丹尼路对女人的头发非常痴迷，他经常在家中夸奖妻子的发型，而他所用的词语非常肉麻。根据丹尼路的言语，警方判定丹尼路应该患有比较严重的恋发癖，而这一点恰恰又能解释受害人海德手里为何会出现两束头发。虽然警方猜到了前因后果，但在没有确凿证据的情况下依旧不能轻举妄动。

从那次尾随粉衣女子失败之后，丹尼路的表现和常人一般无二。直到一个月后，警方安排的监视行动才再次发现了异常。强烈的恋发癖让丹尼路做出了一种让人意想不到的行为，丹尼路开始在大街上公然挑选他看中的头发，然后直接上前用剪刀偷偷剪下。在警方记录下来的监控视频中，丹尼路最喜欢在大巴上完成以上行为，他会坐在女性乘客身后，然后拿起剪刀剪下目标的头发作为战利品收藏起来。

从丹尼路的行径来看，他似乎已经开始慢慢失控了。只是警方还不准备逮捕丹尼路，为了避免凶手继续作案，警方增派警力，不眠不休地监视丹尼路，当然这一切都是为了侦破海德被害案。

与此同时，警方决定把调查的重点放到那两束头发上，其中一束棕色的头发已经拿去与伊莉莎的家人做了比对，但比对结果显示，这束头发和伊莉莎的家人没有关系。因为案件迟迟无法侦破，这宗案子只能继续上报，英国总警署接手调查后，把相关证物交由犯罪心理专家斯图尔克·布莱克博士进行检验。

其实人的头发可以记录很多东西，当然想要清楚地分辨，需要很高的科学技术水平。幸运的是，斯图尔克博士就是掌握这种技术的人，他先分解出头发中的同位素，然后根据同位素辨别出这束头发应该是来自英国的某个人。此外，斯图尔克博士判断出这束头发在被割下的两个月前，头发的主人去过西班牙的瓦伦西亚，然后又去了美国的佛罗里达州。警方本来希望能够通过这束头发锁定某个目标人物，但斯图尔克博士也只能提供这点信息了，因此警方只能判断出头发的主人曾在西班牙和美国度假，但是谁已经无从查起。

而后，警方检验了另外一项证物——那双被丹尼路浸泡在水中的鞋子。英国鉴识科学家通过某种测试法，从鞋底找到了一些微小隐蔽的血迹。在鞋子内部的鞋垫上，鉴识科学家还原了一个带血的脚印。警方认为这双鞋就是凶手逃跑时换上的那双鞋子，凶手应该是穿着袜子在案发现场走动过，在离开前他换上了这双鞋子，所以带血的脚印被留在了鞋垫上。至于那双凶手在作案时穿的袜子，警方认为以凶手谨慎的个性来看，可能已经被销毁了。

警方只要证明鞋子内的血迹是来自海德的就可以了，但DNA遭到了破坏，鉴识科学家也没有办法断定这些血迹就是海德所有。虽然警方已经能够断定丹尼路就是他们要找的作案凶手，但仅凭警方手中掌握着的这些证据是不能让检方在法庭上打赢官司的。不过警方曾在海德家中发现了另外一项证物，那是一条小毛巾，毛巾的边缘带了一小点血迹，可能是因为血迹很小，凶手没有注意到，所以这条小毛巾才被留在了案发现场。警方希望鉴识科学家能够从这条毛巾上找到关键证据。鉴识科学家通过检测发现，毛巾上的血迹确实是海德的，并且这些血迹曾粘在凶手的手指上，所以血迹里还带着凶手的皮肤碎屑及汗液。通过分析这些信息，鉴识科学家证明毛巾上有丹尼路的DNA信息。专家在得出结论的时候也表示，这一结果有可能是错的，但出错率是五万分之一。这种出错率意味着得出的结论几乎不会有错，所以警方终于拿到了分量足够重的铁证。

但是丹尼路的狡猾远远超出了警方的想象，在面对如此铁证的情况下，丹尼路竟然表示这条毛巾是他的。他告诉警方，当时是他拿着这条毛巾找到海德，因为他想让海德做一条和毛巾有着同样颜色的窗帘。丹尼路的解释瞬间让警方手中的证据变得不那么牢靠，如果在法庭上丹尼路依旧用这种借口的话，那这条证据可能就不会被法官采用，警方自然很难将丹尼路定罪。

尽管警方手中掌握了很多证据，但这些证据在被辩护律师合理化之后，很难发挥出关键作用。到这里，警方的手段都用完了。一直到 2010 年 3 月，丹尼路的秘密才被撞破。发现这个秘密的是两名普通的意大利建筑工人。原来这两名意大利建筑工人受雇去波坦察镇圣复活教堂维修阁楼，当这两名建筑工人打开尘封已久的阁楼后，他们看到了一具已经干腐的女尸。两名建筑工人大惊失色，他们一边慌乱地逃出阁楼，一边拨通了报警电话。意大利警方接到报警后，立刻去调查，警方发现阁楼上的那具女尸就是伊莉莎·克莱普斯。

几乎在同一天，伯恩茅斯警方也接到了这一消息，警方直接找到丹尼路，并将其逮捕归案。为了能够彻底证明丹尼路就是这两宗杀人案的凶手，英国警方还从意大利警方那里要到了伊莉莎一案的案情细节和确凿罪证。在确凿的证据面前，丹尼路的所有解释都显得苍白无力，最后丹尼路在皇家法庭受审。在为时 8 周的审议过程中，丹尼路拒不认罪，他表现得异常傲慢无礼，完全没有流露出丝毫悔意。陪审团在经过短暂商议之后，就得出了有罪结论，丹尼路·莱斯提伍被叛有罪，被叛无期徒刑。与此同时，意大利法庭也叛丹尼路·莱斯提伍有罪。

【异常犯罪心理分析】

这是一宗手段非常血腥残忍的连环谋杀案，虽然警方只查到了两名受害人，但在丹尼路消失踪迹的那十余年中，他是否犯过其他命案我们无从得知。丹尼路的心理异常是多方面的，他不仅有变态的杀人欲望，还有极致的恋发癖。从丹尼路所表现出来的行为来看，促使他连续作案的终极原因就是这两种扭曲的欲望。

我们先来分析丹尼路的恋发癖。其实很多人都有一些特殊的癖好，只要这种特殊癖好没有影响其他人，就是社会可以接受的。但在本案中，丹尼路的恋发癖已经对其他人造成了严重的损害。事实上，在犯罪心理学这一领域中，这种强烈的恋发癖是性欲倒错的一种，所谓性欲倒错就是指某一部分人最原始的性满足需要通过一些无生命的东西才能获得。在这起案子中，能够让凶手获得性满足的无生命的东西就是头发，这也是凶手在受害人的手心里放上一束头发的原因。另外，凶手的这种行为也是连环杀手经常做出的行为，在刑侦领域，警方将这种凶手刻意表现出来的行为统称为该连环杀手的“特征”或“记号”。

除在受害人手里放一束头发外，丹尼路并不愿意从理发师那里获得头发，他必须从受害者那里剪到他想要的头发，他追求的是那种偷偷剪掉目标者头发的过程。在这个过程中，丹尼路能够收获一种变态的快感。

我们再来回顾一下丹尼路早期的杀人过程。不可否认的是，丹尼路的罪行被父亲包庇了，正是这样，丹尼路才会蔑视法律，因为他完全不用担心自己需要承担后果。当一个异常冷血又漠视他人生命的人开始杀戮并从中感受到快感之后，他的杀戮行为就不会停止，除非他被警方逮捕或死亡。这也是连环杀手为何会连续作案的原因。很显然，丹尼路的情况就符合这些特征，所以他才会连续杀害两名无辜的受害人。当然，警方一直不相信丹尼路只犯过两起命案，可是丹尼路不愿与警方合作，所以警方也一直无法查到其他案件。

第十二章

性幻想杀手

某年2月14日，卡萝·卡林顿和女儿朱莉·卡林顿以及女儿的朋友席维·维也纳一起来到加利福尼亚州的太平洋大学学习，这一次她们三人来到太平洋大学的主要目的是参观学校拉拉队排练的节目。因为三人都是第一次来这里，所以等她们办完公事后，三人决定在附近转转，看看周围有没有比较出名的景点。当天上午，三人在某国家公园1号门内的一家宾馆订了房间，然后准备出游。

当天下午，三人结伴出游，兴致颇高。回到住处后，三人共进晚餐，又在餐厅闲聊了一会儿，并在19点35分左右起身回房。这一晚过得很安静，酒店内的工作人员也没有发现任何异常，直到第二天中午12点钟，酒店的工作人员打开这间客房。

刚开始，酒店的工作人员以为发生了什么不好的事情，但进入客房后，里面的情况很正常，房间的钥匙就放在靠近房门的方桌上。看样子房客似乎已经离开了，不知道因为什么原因，房客没有去前台登记退房，但这些已经不是工作人员该关心的问题了。因为没有发现异常，所以酒店工作人员也不会自找麻烦把事情弄清楚。此时，房客卡萝的丈夫延森正在旧金山机场等着接机。

按照之前在电话中约定好的行程，卡萝和女儿以及女儿的朋友会在这儿落地，然后一家人一起飞往亚利桑那州的凤凰城度假。卡萝的妹妹就居住在凤凰城，所以一家人准备在那里好好玩上一段时间。时间一点一滴流逝，延森以为是妻子记错了日子，所以他决定先一步动身去亚利桑那州凤凰城，然后在凤凰城给妻女一个惊喜。

延森并不知道，他的妻子和女儿可能已经遭遇了不测。在延森的认知里，妻女一定会在短时间内赶到，或者说她们已经到了凤凰城，但等延森到凤凰城之后才知道妻女并不在这儿。第二天，延森依旧没有等到妻女，他开始担忧起来。因为之前妻子在住酒店的时候曾用酒店的座机给他打过一个电话，所以他赶紧打电话到妻子下榻的酒店。

延森本想从酒店这儿得到一些线索或信息，但酒店的工作人员告诉延森，卡萝并没有办理退房手续，但她们似乎已经离开了。在酒店的工作人员看来，卡萝她们可能是一起去其他地方玩了，因为玩得比较开心，所以才忘记与家人联系，这在美国是很正常的事情。但延森还是有些不放心，他又给卡萝的父母打了电话，但卡萝的父亲弗朗西斯·卡林顿表示他们也没有女儿卡萝的消息。这下，延森立刻意识到卡萝可能遭遇了不测，他准备第一时间报警。因为是跨州失踪人口报备，所以这起案件转交给了 FBI 处理。接手调查工作之后，FBI 立刻派出经验丰富的资深特工前去查案。

FBI 特工赶往卡萝一行人曾经住过的酒店进行检查，并且重点搜查了卡萝居住的房间。因为这段时间游客比较少，而卡萝又没有退房，所以房间并没有被清扫过。特工赶到的时候，房间内的情况和卡萝一行人失踪前的情况一般无二。在这间略显凌乱的客房里，特工注意到屋内的大部分行李都没有被翻动的痕迹，除一些日用品被动过外，房间内一切正常，并不能看出什么端倪。在浴室内，特工找到了两条用过的浴巾。

检查过这间客房的情况后，特工又专门询问了酒店里的服务员。据服务员回忆，这三名房客失踪当天，曾有人看到她们外出，但没过多久，她们就回来了。回到客房后，三人就没了踪迹。除了这些线索，特工还发现卡萝来到这里的时候曾在租车公司租了一辆车代步，但据特工手中掌握的情况来看，这辆被租走的汽车至今未还。在美国确实会有一些罪犯用租来的汽车逃避警方追捕，但卡萝显然不是这种情况，如果连租的车都一起失踪的话，也就意味着卡萝一行人很可能已经遭遇不测。

因为暂时还没有其他线索可以帮助特工锁定嫌犯，也没有线索能够让特工继续调查，所以特工只能暂时将卡萝一行人的失踪原因归结到交通事故上。事实上在每年 2 月，当地经常发生交通事故，因为这里的天气变化比较剧烈，空气中的含水量也很足，时不时就会下一场暴雨，有些环山公路会因为突然降临的暴雨而发生山体滑坡，所以发生交通事故的可能性非常高。几乎每年 2 月，这里都会有车辆冲到悬崖下面，如果真的发生了这种情况，那卡萝一行人可能已经因车祸丧命了。

当然，这只是一种可能，所以特工还需要做其他事情。特工将手中搜集到的信息上报，并且要求州政府发布全境失踪人口通告。特工准备借助民众的力量来寻找卡萝一行人，但一直没有目击者拨通报警电话。一直到 2 月 19 日，调查工作才首次出现突破。有人向警方举报，说有一个小孩在 160 千米外的地方使用过卡萝的信用卡。经过调查，特工找到了卡萝遗失的钱包，而这张信用卡就是从这个被遗弃在路边草丛中的钱包里翻出来的。

虽然这个钱包被人翻动过，而且还暴露在室外很多天，但特工还是把钱包送到了犯罪鉴识实验室，希望鉴识专家能够找到一些可以指证凶手的线索。与此同时，卡萝的家人也发布了一条价值25万美元的悬赏令。加上席维·维也纳不是美国人，是来到美国求学的交换生，因此相关调查工作提到了一个新的高度，调查范围也扩大了。

2月22日，FBI再次扩大调查范围，这一次大批特工介入调查，当地警方负责协助调查。为了能够获得更全面的信息，FBI决定先排除亲属作案的可能。在调查问话的过程中，特工注意到卡萝的丈夫延森和她的父亲弗朗西斯的行为有些异常，比如弗朗西斯一直追问警方案情的侦办进度，他似乎特别想参与调查工作，而延森则一直有一种漠不关心的态度，因此两个人都成了特工怀疑的对象。

特工决定对延森进行测谎，在测试中，特工用尽办法都没能让延森的情绪出现波动，虽然延森通过了测谎，但他的嫌疑更重了。只是特工虽然怀疑，却没有证据来证明延森与这宗失踪案有关。特工意识到他们急需掌握新的证据，但当地地形复杂，附近都是高山悬崖，这进一步增加了调查难度。除地形复杂外，还有线人向特工传递了一条不好的信息，线人告诉特工，当地人很不友好。虽然没有什么证据，但线人觉得卡萝失踪一案可能和某个穷凶极恶的当地人有关。

在FBI的档案库中，当地确实比较混乱，因为地处加利福尼亚中心峡谷地带，所以此处居住环境并不是很好，而且生活在这里的人大多都是瘾君子和假释犯。久而久之，这个小镇就成了罪犯的聚居地，所以小镇上确实有很多性格暴虐的人。有些警探甚至认为，可能是卡萝一行人在游玩的时候，无意中发现了一些见不得光的事情，因此受到牵连，最终酿成惨祸。

警方的猜测并非没有可能，但是缺少证据，只有拿到足够分量的证据，才能证明一些事情。FBI决定回到原点，重新检查案发房屋。在这次检查的过程中，特工发现客房内有一件事情比较反常。因为特工已经拿到了受害人的档案资料，纵观这些受害人的履历，她们都是善良的人，所以绝对不会私自将酒店里的公用物品占为己有。但是特工发现酒店房间里的枕头套和毛毯都丢失了，而且在冰箱左侧的角落里还放着一袋纪念品，很显然这袋纪念品是卡萝一行人在游玩的时候购买的。

从当前的形式判断，特工认定这间客房极有可能就是案发现场，而且还是作案者处理过的案发现场。与此同时，新的线索也从侧面佐证了特工的推想。原来在卡萝失踪后，嫌疑人曾用公用电话联系卡萝存钱的银行，这个人提供了卡萝的银行账号和身份信息，并想通过这种方式修改银行卡的密码。拿到这条线索之后，特工立刻尝试追查这通电话，但没有查到嫌疑人的身份。2月27日，FBI的资深特工和协助调查的警探组建了一个指挥中心，剩下的调查工作将由该指挥中心全权负责。

在之后的搜救中，特工找到了20余辆被盗汽车，但这些汽车里没有卡萝租用的那一辆。卡萝租用的是一辆 1999 年产的红色庞蒂克四座小汽车，这辆车的颜色很显眼，但特工一直没有找到。因此，特工决定再次盘问酒店的所有工作人员。这一次，特工想了一个新办法，他们决定不显露 FBI 的证件，转而用当地警局的证件来表示身份。换过警徽后，当地人开始愿意配合调查，所以特工得到了一条很关键的线索。酒店工作人员说，卡萝入住酒店后就发现客房的门锁有问题，于是酒店管理处找了一名锁匠给这个房间换了门锁。第二天，卡萝一行人就神秘失踪了。FBI 特工认为，卡萝一行人的失踪应该和这个锁匠有关。调查人员从酒店工作人员那里找到了锁匠的信息，但酒店只知道锁匠的名字叫派博 · 科林斯。

因此，这个名叫派博的锁匠成了警方和 FBI 调查的重点，警方通过线人找到派博，并将派博带到警局问话。但派博表示他就是帮着换了一把锁，并没有做其他事情。派博给警方提供了明确的不在场证明，并且通过了 FBI 安排的测谎，因此只能把他放走。随后，特工又找到了酒店老板和其他员工进行问话，但他们的嫌疑很快被排除了。此外，警方还重点调查了其他入住酒店的房客，这些房客里确实有一些背景混乱的人，其中有一个名叫比利 · 乔伊的人，就是一个刚被假释的重刑犯。除了比利，还有一个名叫达仁 · 史蒂芬的假释犯，这个人犯过强奸罪，所以他也成了重点怀疑对象。只是在后续的调查工作中，这两个重点嫌疑人都矢口否认自己与卡萝一行人的失踪有关，而且他们也通过了 FBI 安排的测谎。在这种情况下，警方和 FBI 自然不能凭空将他们定罪。

一直到案发四周后，警方和FBI才获得一条新的线索。警方的搜救队在140千米以外的国道附近的一个偏僻角落，发现了一辆被烧焦的汽车。虽然车身上的红漆已经被烧掉，但因为外形相似，所以搜救队才认出了这辆车。警方收到线报后，立即和FBI特工一同赶赴现场。

经过一番检查，FBI确定这辆车就是卡萝租用的那辆汽车。根据这辆车周围的环境来看，车辆应该是被人故意丢弃的。丢车的人先是驾车撞破国道旁边的铁丝网，然后才把车弄到这个偏僻的角落。看到这辆被烧焦的汽车后，警方和FBI就已经确定，卡萝一行人可能遭遇了很恐怖的事情，他们必须尽快检查这辆已经被烧焦的汽车。这辆车的前盖已经被烧变形，但后备厢被锁死，警方找来撬棍撬开后看到了两具尸体。这两具被烧得面目全非的尸体蜷缩在后备厢内，特工只能将其送到犯罪鉴识实验室进行检验，希望工作人员能够鉴定出受害人的真实身份。

此外，特工将案发现场内的毛发、纤维、面料、玻璃、泥土等所有可能与凶手有关或者可以透露凶手信息的东西采集起来，并送到犯罪鉴识实验室进行化验。之后，警方以起火汽车为中心向周边辐射搜查。在这次搜查行动中，警方又找到了一个钱包和一个腰包，这两个女式包被丢弃在附近的一个灌木丛中。在腰包内，警方找到了一台照相机。这台照相机记录了卡萝三人生前拍摄的最后几张照片，因为这些照片在拍摄的时候都带着时间，所以警方可以通过照片拼凑出一个准确的时间表，并以此推理出受害人遇害的具体时间。

比如，在其中一张照片上，受害人身穿睡衣，拍照的时间是2月15日10点34分。虽然看上去这个时间似乎对案件的侦破没有什么帮助，但实际上，在后续核实嫌疑犯身份的时候，这些细节很重要。因为凶手能够找到隐秘的地方藏匿汽车，所以FBI认为凶手应该是本地人，那么他很可能会继续作案，所以FBI务必在凶手再次行凶之前将其逮捕归案，以防其继续残害其他无辜民众。

就在两具受害人尸体被发现后，警方在设卡排查的时候，遇到了一个手持枪械的暴徒，这个人名叫迈克尔·拉瑞克。这个人在接受巡警检查的时候突然掏出手枪，直接击杀了一名巡警，然后又击伤了另外一名巡警，随即被其他巡警制伏。袭警事件让警方认为这个凶恶的暴徒很可能就是他们要找的凶手，毕竟如果他不是杀害卡萝三人的真凶，就没有必要冲着巡警开枪。当然，警方只是怀疑，他们还缺少证据证明迈克尔真的与卡萝一案有关。

在调查迈克尔袭警一案的时候，警方发现迈克尔有很严重的前科，曾犯盗抢罪。迈克尔是当地人，他家距离警方发现汽车的地方不远，所以他的条件和警方要找的凶手很吻合。在调查的时候，警方还发现迈克尔有一个同父异母的弟弟尤金，这个尤金也是一个惯犯，为了不出差错，警方决定把尤金也列入嫌疑人名单。

警方认为迈克尔和尤金可能是为了获取赎金，或者是误认为卡萝一行人是有钱人才会铤而走险，做出绑架杀人的犯罪行为。虽然警方已经认准了迈克尔和尤金，但在审讯的过程中，两人拒不认罪，他们甚至还主动申请测谎，想要用这种方式证明自己是清白的。

FBI 分别给迈克尔和尤金做了测谎，迈克尔的测谎结果比较模糊，FBI 尚且不能得出准确判断，但尤金明显在撒谎。在警方对两人进行问话的时候，FBI 找到了几个目击证人。

这些目击证人的证词证明了迈克尔和尤金确实与卡萝一案有牵连。卡萝的钱包是在 2 月 19 日被发现的，里面装有卡萝的身份证和银行卡。有目击证人告诉警方，他们曾看到迈克尔出示卡萝的身份证并试图使用信用卡，另外一些目击证人还证实迈克尔、尤金兄弟手中有一批来路不明的女士珠宝，这些珠宝的样式和警方公布的那些属于受害人的珠宝样式相同。就在 FBI 准备拿着这些证词讯问迈克尔和尤金的时候，FBI 收到了一封匿名信件。

在这封匿名信件中，寄信者写下了这样一句话："我们只是开了一个玩笑。"在这句话下面，还有一幅很简陋的地图，FBI 辨认出这幅地图应该就在佩德罗湖附近，找到大致范围之后，FBI 立刻调来了一只专门搜索尸体的警犬协助搜查。这次搜查行动只花了一天时间，FBI 就在佩德罗湖附近找到了受害人朱莉的尸体。朱莉惨遭割喉，死状很惨，因为长时间泡在水里，所以尸体早已发胀。在找到朱莉尸体的时候，警方还发现了一些物证，其中一项物证是落在弃尸地点附近的两根粉色腈纶纤维和橙色丙烯酸纤维。

现在三具受害人的尸体已经全部找到，但其中有一个问题需要警方和 FBI 注意，那就是嫌犯或目击证人为何要寄这封带有提示意味的信件？这样做的目的又是什么？ FBI 认为寄信的人应该是嫌犯，他想通过这样的形式来嘲弄警方和 FBI，这样他就可以从中收获快感。至于嫌犯为何会在信件中给警方留下线索，很可能是因为他同这名受害人的关系不一般。可能因为某些原因，凶手同受害人朱莉之间的关系更亲密一些，也可能是因为他们之间本身就具备某种亲近的关系。

除了这些推测，FBI 和警方还要解决另外一个棘手的问题，警方认定的凶手迈克尔和尤金正被羁押，所以他们明显不是给警方寄信的人，这是不是意味着警方抓错了人，或者说迈克尔和尤金还有一名同伙逍遥法外？为了得出准确的判断，警方决定先对受害人朱莉验尸。在验尸结果尚未出炉之前，犯罪鉴识实验室得出一条重要结论，取自弃尸现场的橙色丙烯酸纤维和迈克尔、尤金兄弟身上的纤维成分相同。

虽然这条证据不是铁证，在法庭上辩护律师可以找很多种理由来狡辩，但 FBI 决定用这条证据向迈克尔和尤金兄弟施压。这一次，在高压审讯下，迈克尔终于承认了罪行。迈克尔告诉警方，他确实绑架并杀害了卡萝、朱莉和席维三人，但迈克尔并没有提到共犯，虽然他的弟弟尤金也随后认罪，但两个人很默契，始终没有向警方坦白其他事情。虽然 FBI 和警方不停施压，但两个人拒绝配合。迈克尔和尤金的表现让警方更加相信他们之前的判断：迈克尔和尤金还有一名同伙，而这名同伙就是给 FBI 寄信的人。因为没有其他证据，所以警方和 FBI 暂时无法找到这个人，但 FBI 认为如果这个人没有被警方逮捕，那他很可能会继续作案。

26 岁的乔伊 · 约翰 · 阿姆斯特朗是环境保护志愿者，所以她在该国家公园里有一栋木屋。乔伊性格开朗、乐于助人，特别热衷于结交朋友，有空的时候，她会和朋友一起玩。7 月 21 日这天，乔伊准备开车去拜访一位朋友，但她并没有准时到达。乔伊的朋友很清楚她是一个非常守时的人，所以发现乔伊没有按时抵达后，乔伊的朋友立刻报了警。接到报警后，警方立刻联系了国家公园的管理者，因为乔伊住在公园内，所以公园的管理者带着警方来到了乔伊的住处。

公园管理者还没有叫门，警探们就发现了异常，他们注意到门廊处有一副墨镜，而房门也没有关上，警探们相互示意，掏出配枪小心翼翼地走了进去，房间内一片凌乱，衣物和枕头被胡乱丢在地上，家具也都被撞倒了。很显然，这里发生过打斗，初步查看了房屋内的情况后，警探们立刻撤了出去。为了保证案发现场不被破坏，他们将案发现场封锁起来，等待取证人员到场后再搜集罪证。在警探们守住木屋的时候，FBI 也组织了一批巡警开始以木屋为中心展开搜寻。大约 5 个小时后，搜救队在一条小河旁边发现了受害人乔伊的尸体。

乔伊的死状很惨，显然在遇害前，还受到了凶手的侵犯。凶手的残忍与变态彻底激怒了警方和 FBI，大家立即展开相关调查，警方负责检查案发现场及现场附近所有可能出现物证的地方，而 FBI 负责调查走访工作，寻找潜在的目击证人。这一次，警方和 FBI 的动作足够迅速，所以找到了很多物证，其中就有车轮印和鞋印。此外，一个目击者告诉特工，就在案发数个小时前，他曾看到有一辆蓝色轿车停靠在不远处。根据目击者提供的信息，FBI 立即开始核对嫌疑人名单。

因为 FBI 始终相信还有一名杀手正活跃在当地，所以他们认为杀害乔伊的凶手应该就是那名涉嫌杀害卡萝等人的凶手。正是源于这种怀疑，FBI 把目击者提供的车辆信息拿去与案发时曾在酒店住过的人员的车辆信息进行比对。很快，FBI 就找到了一名嫌犯，这个人名叫卡里 · 斯坦尼。确认身份后，警方开始寻找卡里的行踪。最后，警方在一个向阳的河滩上找到了卡里，当时他正沐浴在阳光下，同一群人一起吸毒、晒太阳。

警方控制住卡里，并把所有毒品没收。被逮捕后，卡里拒不认罪，因为这个时候，警方还没有把相关证据检验完毕，所以暂时无法直接关押卡里。数个小时后，卡里被警方释放，但就在这几个小时内，所有重要的证物已经全部被送到了犯罪鉴识实验室里进行相关检验。警方只要等检验结果出来，就可以明确知道卡里是否就是最后一名作案凶手了。很快比对的结果出来了，犯罪鉴识实验室证实凶手留在案发现场的车轮印和卡里的汽车前轮轮胎完全吻合，因此警方被允许将卡里逮捕归案。

卡里再次被逮捕后，警方决定采用一些心理攻势。在警方精心安排的心理攻势下，卡里很快丧失了斗志，他开始断断续续地讲述一些事情。卡里告诉警方，有时候他会觉得这个世界是和平美好的，但有时候他又想杀掉所有人。虽然卡里前言不搭后语，但警方还是顺着卡里的话提问，最后卡里告诉警方，其实在他还很小的时候，他就被家族里的某位亲戚侵犯过。但这件事他的父母并不知情，后来卡里开始热衷于画漫画，他立志要成为一名漫画家。

但在实现梦想的过程中，卡里还有一些黑暗幻想。卡里告诉警方，他从 7 岁开始就产生了谋害少女的幻想。后来卡里发现女孩身边都会有一个监护人，通常是女孩的母亲或其他女性长辈，从这一刻开始，卡里的幻想对象就成了两个人。一直到 1999 年 2 月 15 日，卡里终于下定决心要将幻想世界中上演过无数次的情形放到现实世界中。说到这儿以后，警方开始引导节奏，在警方的铺垫下，卡里开始回顾杀害卡萝一行人的作案过程。

原来当卡萝入住酒店的时候，卡里就盯上了她们。经过几番权衡，卡里决定对这三名无辜女性下手。案发当晚，卡里敲开了卡萝的房门，在卡里反复要求下，卡萝才允许他进入客房。进入客房后，卡里立刻掏出藏在身后的手枪指着卡萝的头，逼迫房间内的三名无辜女性听从他的号令。被枪指着的卡萝不敢反抗，女儿朱莉和她的朋友席维也不敢出声。控制住局势后，卡里把房门反手关上，然后用枪将卡萝逼进浴室。

把卡萝逼进浴室后，卡里又回到卧室，将朱莉和席维绑了起来。卡里杀死卡萝之后，把卡萝的尸体搬到了红色汽车的后备厢内。回到客房后，卡里动手杀死了席维，并把席维的尸体也塞到汽车的后备厢内。然后他才再次回到酒店，对年仅 15 岁的朱莉实施了侵犯。最后，卡里开车把朱莉带到湖边，杀死了朱莉。

卡里说他之所以会杀死朱莉是为了证明自己的爱。杀死朱莉后，卡里把那辆卡萝租来的汽车开到国道附近的森林中丢掉，又搭乘出租车返回酒店。两天后，卡里重新回到丢弃汽车的地方，他把卡萝的钱包拿走，然后放了一把火将汽车烧掉。做完这一切之后，卡里把卡萝的钱包丢到附近小镇，企图用这种方法误导警方。一个月后，卡里写了那封匿名信，他用这封信给警方提供了线索。

至于为何会写这封信，卡里也给出了一个答案。卡里告诉警方，当时他真的很苦恼，因为他知道朱莉就在那个地方，他很清楚如果自己不提醒警方的话，警方可能永远也找不到她，所以他决定给警方一点提示。总之，给过警方提示后，卡里觉得自己好受多了。初次犯案后，卡里沉寂了两个多月，但杀人的欲望一旦出现就很难被掐灭。等卡里见到乔伊之后，他决定再次犯案。

虽然卡里用枪把乔伊逼进房间，但乔伊不愿束手就缚，她多次寻机逃跑，但都被卡里抓住。当卡里开车载着乔伊离去的时候，乔伊还试图跳窗逃跑，但她的双手被捆住了，所以还是被卡里抓住了。卡里觉得乔伊太难控制就把她杀死了，并且把尸体丢在了小溪边。

警方和 FBI 终于确定卡里才是制造这两起杀人案的真凶，至于迈克尔和尤金，他们本身就是瘾君子，在警方的高压下，他们承认了一些本来不是他们做的事情，不过他们涉嫌一些其他的罪行，所以尽管他们不是警方要找的人，但依旧被送上了法庭。2000 年 11 月，卡里 · 斯坦尼因谋杀乔伊 · 约翰 · 阿姆斯特朗，被判有罪，法庭判其终身监禁且不得假释。2002 年 5 月 22 日，卡里 · 斯坦尼因谋杀卡萝 · 卡林顿、朱莉 · 卡林顿和席维 · 维也纳再次被送上了法庭，虽然卡里一直宣称自己精神错乱，但陪审团和法官很快就达成了一致，并给出了有罪宣判，最终卡里·斯坦尼被叛死刑。

【异常犯罪心理分析】

这是一宗性质很恶劣的连环谋杀案，凶手前后两次犯案，手段残忍。在第一次谋杀中，凶手一次性谋害了三名无辜女性，并且用残忍的方法处理了受害人的尸体。在第二次谋杀中，凶手的行凶手段同样残忍。在探究凶手为何会变成一个凶残的连环杀手之前，我们先来回顾一下凶手的童年生活。虽然这些内容都是凶手自己讲述的，但 FBI 在后续的调查工作中证实了凶手的供词都是真实的。

凶手卡里在童年时曾遭受侵犯，对孩童而言，童年时期遭受性侵或性暴力，很容易给他们带来非常严重的负面影响。卡里的心理就因为这段经历变得异常起来，虽然他的性取向没有发生变化，但他对性的看法开始扭曲。有些 FBI 特工认为，卡里的这段童年经历让他的性功能出现了某些异常，比如卡里很可能有性功能紊乱，这种病让卡里无法进行正常的性生活，所以他才萌生出性侵其他女性的想法。事实上，这就是卡里性侵受害人的作案动机。

不过，性幻想并不只会出现在连环杀手身上，一部分正常人也会有性幻想，不过后者产生的幻想都带有一种美好的期望，只有极少数人在产生幻想的时候会萌生出强奸、虐待以及施加在孩童身上的侵犯等变态想法。当然，人们都知道这些行为是不被法律所允许的，所以绝大部分人在日常生活中会控制自己的行为，不去做想象中违法的事情。

但是也有极少数人不会控制自己心中的负面欲望，他们甚至会因为这种负面欲望的存在而感到满足。其中一些人还经常会在自己的幻想世界中想象以上行为，时间长了，这些幻想就会冲毁他们的心理防线，从而操控幻想者，将幻想世界中发生的变态行为施加到现实世界中，最终导致残忍暴虐的谋杀惨案。

卡里就是后面这种情况，他的童年遭遇让他的心理变得扭曲，而他从来都不去控制自己的欲望，甚至还经常幻想这些负面情景，而这些负面情景又不断助长他内心深处的那些扭曲的邪恶欲望。当欲望强大到不受控制的时候，卡里就将幻想世界中上演过无数次的情景照搬到现实世界中来，这也是他为何会对卡萝一行人下手的重要原因。

第十三章

家庭灭门惨案

北安普顿市是英国中部的著名城市，这座城市的地理位置很优越，城市不远处就是伦敦和伯明翰，所以这里的交通十分便利。北安普顿市里有很古老的建筑群落，这些建筑群落给整座城市增色不少。北安普顿市还有一所很著名的大学——北安普顿大学，加上这里的物价水平相对较低，因此每年都会有大批留学生来到这里求学。

可能是因为生活成本低的原因，这座城市的整体生活节奏都比较慢。也正是由于这个原因，生活在北安普顿市的居民都更容易感受到生活的乐趣，并因此对未来充满希望。恬静美好的日子让北安普顿市成了养老胜地，很多不愿意将生活捆绑在工作上的家庭都会搬到这座城市定居。大家都很喜欢这座城市的氛围，但这里也发生过一起惨绝人寰的灭门惨案。

大约在 1992 年的时候，菲利普 · 奥斯丁带着妻子来到北安普顿市定居，他们养育了两个孩子，一个男孩和一个女孩的搭配真的很完美，奥斯丁夫妇看起来十分幸福。此后八年，奥斯丁一家就住在北安普顿市斯坦顿农场附近的一栋普通民居内，一家人的生活平静而又安乐，至少从表面上看这家人是幸福美满的。

2000 年 7 月 10 日，奥斯丁一家出现了变故。这一天，孩子们没有去学校上课，学校老师发现孩子们缺席之后拨通了奥斯丁家的电话，但电话一直没人接。为了确认情况，学校又联系了孩子们的外婆凯洛。凯洛问清楚情况之后和丈夫亨瑞一起去了奥斯丁家确认情况。来到奥斯丁家后，凯洛先叫了门，但没人应声。察觉事情有些不对劲的凯洛夫妇决定打开房门进去查看情况。

凯洛和丈夫亨瑞看到了他们的女儿克莱尔·奥斯丁的尸体，克莱尔躺在厨房的地板上，面部朝下，已死去多时。在克莱尔身边，还有一具宠物狗的尸体。眼前的情况让凯洛头晕目眩，但她必须挺住，因为她还要确认外孙和外孙女是否安全。

凯洛立即起身往楼上跑去，在外孙克伦的卧室里，凯洛看到了克伦的尸体，克伦趴在床尾，头部朝下，已经死亡多时了。与此同时，亨瑞急忙跑到外孙女贾德的卧室，不幸的是，贾德也没能逃过这次劫难。等亨瑞赶到的时候，贾德也已经死去多时，她脸色乌青，看起来应该是被扼死的。

接二连三的打击让亨瑞和凯洛头晕目眩，但他们没有去找女婿菲利普·奥斯丁，也没有想过菲利普是否安全，因为他们心里有一种直觉，凶手很可能就是菲利普。凯洛和亨瑞的直觉很准，杀人凶手确实是受害人的丈夫菲利普，他在家中残忍地杀害了自己的妻子和两个亲生孩子。

凶杀案发生后，当地警方立即展开调查，英国凶杀预防中心也派遣了犯罪心理专家劳拉·理查德参与了此次调查，她试图从中找到凶手杀人的动机以及凶手在设计谋杀之前是否表露出了某些具有谋杀倾向的早期特征。

在开始调查之前，劳拉必须掌握足够多的信息和资料，如，谁是菲利普·奥斯丁？这个人到底是一个怎样的人？他又经历过哪些事情？劳拉希望找到更多和凶手有关的信息，从而判断菲利普作案的动机。为了了解菲利普和克莱尔，劳拉找到了克莱尔最好的朋友

戴安 · 威利斯了解情况。

17 岁那年，戴安和克莱尔相识，当时两个人都在鞋厂工作，工作之余，戴安和克莱尔会一起去小镇上的酒吧喝酒，时间长了，两个人就成了关系亲密的朋友。大约一年以后，克莱尔在酒吧里遇见了菲利普。初次相遇，菲利普就买了一朵玫瑰花送给克莱尔，克莱尔非常开心，他们一起聊了很久，在闲聊的过程中，克莱尔慢慢接受了菲利普。后来克莱尔告诉戴安，她觉得菲利普是一个很可爱的人，而这种人恰好就是克莱尔喜欢的类型。

作为克莱尔的好朋友，戴安也与菲利普有过很多接触，在相处的时候，戴安发觉菲利普并不是特别可爱，他只不过是比较外向，也不容易害羞，所以跟他闲聊的时候，你会觉得比较有意思。但是戴安也发现，菲利普似乎没有主见，或者说他对任何事情都没有一个明确的看法。如果你不认识他或者他不主动跟你打招呼的话，他的存在感就会迅速降低，因此戴安觉得菲利普可能并不是一个好伴侣，但克莱尔显然不这样看。有的时候，事情总是朝着人们无法把控的方向发展，克莱尔和菲利普就是这种情况。只经过几周的相处，克莱尔就和菲利普同居了，数个月后，克莱尔怀孕了。

借着克莱尔怀孕的机会，菲利普向她求婚了，克莱尔没有多想，直接答应了菲利普。就这样，在克莱尔还没完全了解菲利普的情况下，这对年轻情侣定下了婚约。当然，在菲利普这儿，克莱尔已经毫无秘密了。订婚后，克莱尔的家人和菲利普一起举办了一个订婚派对，菲利普的表现还算正常。随后，克莱尔生下了克伦。克伦出生后，菲利普的情况也很正常，他精心照看着孩子。过了几年时间，克莱尔又生下了第二个孩子贾德，这是一个女孩。

在贾德出生三个月后，菲利普和克莱尔正式结婚了。从表面上看，菲利普和克莱尔之间的关系进展得非常顺利，但犯罪心理专家从这段看似正常的家庭关系中找到了很多问题。因为克莱尔喜欢摄像，所以劳拉可以通过这些录像带了解菲利普。在这些录像带中，劳拉注意到，菲利普其实并不是一个完美的丈夫与父亲。最重要的一个视频录像是菲利普和克莱尔结婚时录制的。在这个视频录像中，劳拉发现菲利普非常不善于讲话，他在面对众多宾客的时候表现得特别拘谨。本来他才是婚礼的主角，但从录像带里的情况来看，菲利普更像是一个可有可无的配角。

另外，劳拉还发现了一个异常情况，菲利普没有朋友和家人。在这场婚礼中，菲利普这边没有来一位亲人，他找不到伴郎，最后给菲利普充当伴郎的是克莱尔的一位朋友。一个人怎么可能没有朋友和亲人呢？为此劳拉做了调查，结果劳拉发现，在与克莱尔结婚前不久，菲利普刚刚和自己的亲生父母断绝了关系。为了弄清楚其中的原因，劳拉找到了菲利普的叔叔罗杰了解情况。

罗杰告诉劳拉，菲利普之所以和他的亲生父母断绝关系其实都是菲利普自己的主意。他在克莱尔怀孕的时候就给亲生父母寄了一封信，在这封信中，菲利普用非常冷酷的语气同父母断绝了关系，并告诉他们永远无法再见到他们的孙子孙女了。此外，菲利普还和所有亲戚朋友断绝了来往，他开始孤立自己。这其实就是菲利普·奥斯丁即将成为家庭杀手的征兆之一。

菲利普之所以会做出这种古怪行径，主要是因为当时的他开始极度以自我为中心，特别自私。菲利普的岳母凯洛告诉劳拉，在同克莱尔结婚后，菲利普就开始大手大脚起来，他会花很多钱来买一些只有他才能用的东西，而且根本不去考虑自己的家庭是否能够提供足够的资金。如果克莱尔问他为何要这样做，菲利普也不辩驳，他会拿起钱包离家出走，等钱包里的钱花光之后才回家。

菲利普的行为严重影响了整个家庭，从他开始不管不顾乱花钱的那一刻起，菲利普和克莱尔之间的感情就遭遇了危机，从而让他们的婚姻陷入困境。因为菲利普恶习不改，所以克莱尔准备找律师谈离婚事宜，只是克莱尔并不愿意让孩子们在一个破碎的家庭里长大，为了让孩子们可以得到父爱，克莱尔决定妥协。但她并不知道，菲利普已经慢慢变成了一个随时可能会杀人的家庭冷血杀手。

因为克莱尔插手金钱方面的事情，并且找律师谈过离婚事宜，所以菲利普开始憎恨克莱尔，只是这种憎恨还没有堆积到一定程度，所以克莱尔一直都没有察觉到异常。犯罪心理专家劳拉还需要考虑到底是什么因素让菲利普做出了谋杀全家人的举动，如果只是憎恨妻子，他为何还要将自己的两个孩子杀掉？其中到底发生了什么？或者说从一开始，菲利普就想杀害全家人吗？

劳拉从受害人的母亲凯洛那里了解到，在凶杀案发生前一周，克莱尔和她通过一次电话。克莱尔告诉母亲，她和菲利普之间的感情正在好转，不知道从什么时候开始，菲利普竟然开始存钱，这让已经摇摇欲坠的家庭重新稳定下来，所以克莱尔在第一时间把这个好消息分享给母亲。但在劳拉看来，菲利普突然做出这种反常的举动，其实是他想要动手行凶的前兆。

菲利普知道表面情况可以迷惑大部分人，所以他在行凶之前伪装出夫妻关系很和睦的假象，以便于凶案发生后，他可以顺利逃过警方的怀疑。那么，菲利普到底是因为什么事情才最终萌生出要谋杀克莱尔及两个孩子的想法呢？犯罪心理专家在一些生活琐事中找到了一些线索。比如，在谋杀案发生前不久，克莱尔因为减肥效果显著被社区授予月度最佳健身选手的称号，而菲利普的体重一直都在飞速增长。克莱尔瘦身成功之后，菲利普再也找不到羞辱她的方法了。另外，克莱尔通过了驾照考试，现在的她似乎已经不再像以前那样依赖她的丈夫了。

虽然这些事情看起来都是微不足道的小事，但在菲利普自我封闭的世界中，这些细微的改变最后诱发了巨大的效应，而菲利普已经想好了对策。2000 年 6 月，菲利普 · 奥斯丁一家和克莱尔的表妹一家一起去卡那里岛度假，克莱尔还是按照往常的习惯将度假过程中发生的事情录了下来。

从表面上看，这是一场非常快乐和睦的家庭之旅，但菲利普一直压抑着心里的愤怒。在度假的时候，菲利普总是会因为一些小事而大发雷霆，虽然菲利普发火的情况没有被拍到录像中，但克莱尔的妹夫清楚地记得当时的情况。他告诉劳拉，菲利普看起来就像是一头愤怒的公牛，他总会一边大吵大闹一边摆出要打架的姿势，虽然他没有和其他人动手，但他的行为真的很古怪。在劳拉看来，这些情况预示着菲利普即将进入爆发的边缘，他已经不能控制积压在他内心深处的愤怒了。经验告诉劳拉，如果菲利普的心理防线彻底崩溃，那他必将做出极端的行为。

度假回去后，菲利普的表现也很怪异，比如他会突然发脾气，会把之前制订好的计划取消，还会把自己一个人关到房间里什么人都不见。菲利普的行为让克莱尔很生气，案发当晚，克莱尔可能就这个问题同菲利普进行了商谈，或者在同菲利普谈话的时候，克莱尔警告了菲利普，让他停止这些古怪的行为并要求他尽快做出改变，否则她就要离婚。其实克莱尔说这些话的根本目的是希望菲利普做出改变，但菲利普并不这样想，所以他决定动手。

案发当晚，克莱尔的母亲还给他们打过电话，这一次接电话的是菲利普。因为接电话的人是女婿，所以凯洛就找了一个话题，问菲利普是否已经把旅行时的照片整理好了，但菲利普只回答了四个字："我们没去。"说完这句话后，菲利普就挂断了电话。这一次，菲利普心中的怒火已不可遏制，他决定彻底解决所有问题，也就是在这个时候，菲利普开始制订整个谋杀计划。

在警方的卷宗中，案发时的情况被详细记录下来。案发当天，一切看起来都很平常，早晨孩子们和往常一样起床下楼，然后一起用餐准备去学校上学。等孩子们吃过饭后，菲利普将孩子们送到学校，但他并没有按照往常的习惯回家继续睡觉，他先去了麦当劳，给自己买了一份早餐，然后又去买了一份报纸和一本汽车杂志。在看这些杂志的时候，菲利普用红笔圈了一些正在销售的汽车。很显然菲利普正在做准备，但他似乎并不想立刻动手。

看完报纸后，菲利普又去了一家按摩店。需要强调的是，菲利普送完孩子所做的这一系列行为都是他之前从未做过的。接下来，菲利普又去了一家杂货店，买了一个木槌。大约下午 1 点 15 分的时候，菲利普带着谋杀念头和杀人工具回到家。

菲利普被警方逮捕后，向警方供述了他回家后发生的事情。菲利普告诉警方，当时克莱尔就在二楼卧室，看到他回家后，克莱尔质问他整个上午都去了哪里，然后两人又为已经结束的度假发生了争吵。但警方认为这些可能都是菲利普自己捏造的，案发时克莱尔很可能根本没有和菲利普吵架，克莱尔也根本没有待在二楼卧室，她应该是在厨房里忙着家务。而菲利普回到家后，根本没有说话，而是立即就攻击了克莱尔。

根据警方搜集到的证据和案发现场的照片，菲利普和克莱尔有过一番争斗。按照菲利普的说法，当时他和克莱尔吵了几句，然后就被怒火冲昏了头，他用木槌击中了克莱尔的头部，随即他掐住了克莱尔，但克莱尔拼死反抗，他们从卧室打到楼梯走廊处，然后又打到楼下。在搏斗的过程中，克莱尔不是菲利普的对手，所以她找到一个机会，挣脱了菲利普的控住，准备逃离房屋。但在她试图把门打开的时候，菲利普从后方赶到，用力将门关上，然后抓住克莱尔的头发把她拖到客厅继续殴打。

克莱尔屡次挣脱菲利普的控制，但又都被菲利普抓到，最后克莱尔在逃跑的时候不小心踩空摔进厨房，而菲利普抓住机会将克莱尔折磨致死。这个容忍了菲利普许多年的女人，最终没能逃过被丈夫谋杀的厄运。克莱尔的尸体躺在厨房，孩子们还在学校上学，接下来菲利普要做什么？虽然警方没有找到以往菲利普对妻子有过暴力行为的证据，但警方从克莱尔拍摄的录像带中找到了菲利普对孩子们施加的一些软暴力行为。比如，在克伦不听话的时候，菲利普曾用手掐着他的脖子，虽然克伦没有窒息，但这种行为十分可怕。有时候，菲利普还会把克伦倒着吊起来当成钟摆，来回反复摇晃。菲利普的行为让克莱尔心生警惕，为了确保孩子们的安全，克莱尔说服菲利普参加愤怒管理课程，但是他只去了两次就不再接受相关治疗了。那么菲利普是否会对他的亲生孩子下手？事实证明，菲利普确实会这样做。

菲利普继续他的计划，他先把家里养的两条宠物狗杀死，以防这两只宠物狗的叫声引起周围邻居的注意。用木槌把狗击毙之后，菲利普又把克莱尔的尸体搬到厨房里侧，这样不管是从前门进屋还是从后门进屋，都无法在第一时间看到克莱尔的尸体。

做完这些之后，菲利普回到卧室，他先把身上沾有血迹的衣服脱掉，换上新衣服后，菲利普又去了克莱尔工作的地方，找个理由帮克莱尔请了十来天的假。之后，菲利普又去买了他在杂志上选中的那辆汽车，并把家里的旧车开到附近的停车场放好，然后他开着新买的汽车去了学校接孩子们放学。菲利普没有将孩子们直接带回家，他开车载着孩子们在小镇周围转，孩子们饿了，他就给孩子们买吃的，但菲利普不允许孩子们下车。

就这样，菲利普开车带着孩子们转了好几个小时，为了能够控制局面，菲利普还在孩子们的饮料中放了安眠药。最后，菲利普把睡着的孩子们带回家。后来贾德说自己想喝水，菲利普就去厨房给她倒水，进入厨房后，菲利普看到了克莱尔的尸体。这一刻，他立即下定决心，准备把克伦和贾德也杀掉，在他看来，只有这样才能以绝后患。下定决心后，菲利普先后杀死了贾德和克伦。在同一天内杀死妻子和两个孩子后，菲利普失踪了，没人知道他去了哪里。凶案发生后，警方立即就把调查的重点放在了失踪的菲利普身上。

凶案发生一周后警方找到了菲利普，这时候有关菲利普杀妻杀子的新闻已经见报，因此菲利普无路可逃。等警方找到菲利普的时候，菲利普就坐在车内，他的手臂上全是鲜血，手腕上有一道明显的伤口，很显然他想要自杀。因为警方及时赶到，所以菲利普没能自杀成功。随后，菲利普被送回北安普顿市，在这里菲利普用很平静的语气讲述了整个谋杀过程。显而易见的是，菲利普根本没有任何悔意，或者说他根本不觉得他做过错事。即便是在法庭审议阶段，菲利普·奥斯丁也没有丝毫悔意，因此陪审团迅速做出判决，菲利普·奥斯丁被判有罪，终身监禁。

【异常犯罪心理分析】

本文给大家讲述的是一宗冷血的家庭谋杀惨案，事先买好的凶器和持续残忍的攻击都能证明凶手菲利普是一个心理异常程度非常高的杀人犯。他谋杀的是陪在他身边的亲人，这种行为是很多残忍歹毒的杀手都做不出来的，但菲利普可以。

是什么原因让菲利普变成一个变态又残忍的杀人凶手呢？想要弄清楚这个问题，我们要从菲利普的表现进行分析。我们可以从克莱尔的好朋友戴安的话语中看出菲利普是一个怎样的人。一般来说，家庭杀手都是性格冷漠的人，这些人不擅长社交。菲利普也有这个特征，虽然菲利普在克莱尔面前表现得很活跃，但实际上他并不是一个乐观开朗的人。从菲利普在婚礼中表现出来的情况可以看出他其实是一个很自闭的男人，换句话说，菲利普是一个完全没有能力表达自我情感的人，不管这些情感是什么形式的，他都不能将其释放出来。

另外，菲利普对克莱尔有着极强的控制欲，只是他的这种控制欲望一直都不能被满足，因此菲利普对克莱尔心生怨恨。这其实和菲利普是一个极度以自我为中心的人有很大关系，正是这种极度以自我为中心的性格让他变成了一个自私自利只考虑自身感受的失败者。实际上，菲利普本身就是一个很压抑、很孤独的人，在与克莱尔结婚后，除了克莱尔和两个孩子，菲利普完全没有任何属于他自己的生活。同时菲利普又特别自私，他的占有欲很强，但在这个时候，他已经逐渐失去了对家庭的控制。

为了重新夺回对家庭的控制权，菲利普希望能够通过离家出走的行为来证明他在家中的地位，证明他是被家人所需要的关键人物。但菲利普发现家人离开他之后，似乎过得会更好一些，而这就是让他心理开始不平衡的根本原因。菲利普不能容忍这种情况出现，于是萌生了对家人动手的想法。其实在犯罪心理学中，像菲利普这种极度以自我为中心且没有能力解决问题或表达心中情感的人，都是有一定潜在危险的人。

一般来说，引发灭门惨案一般有两个原因，第一个是财务危机，第二个是分居威胁。在和表妹一家人一起出游后，克莱尔可能因为不满菲利普的表现而同他发生了争执，在争执的过程中，克莱尔可能流露出了离婚的想法，而这种想法让菲利普彻底失控。因此，最终让菲利普动手杀人的因素，除了与对妻子克莱尔的愤怒和不满有关，还与家人即将离开他的想法有关。菲利普不能容忍这种情况的出现，他想彻底掌控局面，而杀死一家人是他的办法。

那么，菲利普为什么会杀死孩子们？是因为他对妻子克莱尔的仇恨吗？菲利普之所以杀死孩子们，主要还是因为他觉得自己无法掌控接下来的局面，比如当孩子们问及他们的母亲在哪里时，菲利普不知道该如何回答。或者菲利普认为他没有能力将孩子们抚养长大，那么在这个时候，他就会产生一次性把问题全部解决的念头。

图书在版编目（CIP）数据

犯罪现场调查：你不可不知的犯罪心理常识 / 许大鹏著. —北京：中国法制出版社，2020. 12

ISBN 978 - 7 - 5216 - 1286 - 8

Ⅰ. ①犯… Ⅱ. ①许… Ⅲ. ①犯罪心理学 - 通俗读物 Ⅳ. ①D917. 2 - 49

中国版本图书馆 CIP 数据核字（2020）第 177661 号

策划编辑/责任编辑：陈晓冉（chenxiaoran2003@ 126. com）　　封面设计：李　宁

犯罪现场调查：你不可不知的犯罪心理常识

FANZUI XIANCHANG DIAOCHA：NI BUKE BU ZHI DE FANZUI XINLI CHANGSHI

著者/许大鹏

经销/新华书店

印刷/北京海纳百川印刷有限公司

开本/710 毫米 ×1000 毫米　16 开　　印张/13. 75　字数/203 千

版次/2020 年 12 月第 1 版　　2020 年 12 月第 1 次印刷

中国法制出版社出版

书号 ISBN 978 - 7 - 5216 - 1286 - 8　　定价：42. 80 元

北京西单横二条 2 号

邮政编码 100031　　传真：010 - 66031119

网址：http：//www. zgfzs. com　　**编辑部电话：010 - 66071900**

市场营销部电话：010 - 66033393　　**邮购部电话：010 - 66033288**

（如有印装质量问题，请与本社印务部联系调换。电话：010 - 66032926）